TOUCH BOOKS

TOUCH BOOKS

TOUCH BOOKS

TOUCH BOOKS

性愛鍊金術

從性愛進入三摩地的70個祕密

巴霧斯 (Bauls) 行者
Lee Lozowick——著
黃漢耀——譯

沒有我，
我們都是神。

【推薦序】性的多元與超越　林燕卿　010
【譯者序】精「液」、精「氣」、精「神」　黃漢耀　013
【代序】「性」的真實意義　喬治・菲勒斯坦　017
【主編的話】值得你細細體會的奇書　雷吉娜・瑞恩　021

第一部 **根**

前言　024
1 女性是神的印記　027
2 不被愛的孩子永遠對愛飢渴　032
3 男人的死穴是憤怒，女人是恐懼　034
4 男人憤怒是因為不會表達悲傷　042
5 五根之上才是純粹又完美的男女原型　048
6 參究男人的暴力，女人的束縛　053
7 男人不需要向媽媽證明，只要愛她　058
8 找回女性氣質，就是找回開放的心　062

CONTENTS

第二部 性

THE ALCHEMY OF LOVE AND SEX

第三部 愛

CONTENTS

第四部 **陰陽**

THE ALCHEMY OF LOVE AND SEX

第五部 譚崔

CONTENTS

第六部 愛神

THE ALCHEMY OF LOVE AND SEX

【推薦序】

性的多元與超越

樹德科技大學人類性學研究所所長

林燕卿

這本書在我反覆的咀嚼了兩次後，發現它超越一般文字，一般思緒的程序，我坐下試著整理自己生命的經歷和所學的理論，發現與這本書相互輝映。

我們一直想當然耳，認為每一個人不是男人便是女人，而這個界定是性徵，也可能是社會文化建構的性別，不論如何看，都已是被規範界定的世俗男女。用我的語言描繪這本書想傳遞的訊息，就是我們早已忘記本質的男女，也就是男中有女，女中有男，且可能各半，並不是今日的比例成分——男性則男性氣質多，女性氣質少；女性則女性氣質多，男性氣質少。其實從學理來看，剛生下的嬰兒及成長不到二、三歲的小孩，他們的行為舉止是一樣的，沒有太大的區別，一切的一切均是人為的分別心及教養。

書中要我們學習的性愛最高層次之基本改變，是男人重新謙卑向女人學習特有的女性氣

質，以便找回原來的男人（也就是沒有改變時的嬰兒狀況），他才能與「女人」相處，而不是只與某個特定的女人相處，這時的關係必然健全、美好；反之，女人也相同。

第二件事便是學習「性」的新詮釋。「性」可以成為商品，也可以是交流，交流的性才能啟動能量，性不應該只被框架在生殖的單一狹窄角，它應是創造能量的動力來源；它不應只享受感官、器官的接觸，它是一種美麗的語言、共屬的符號，是一種尊敬、欣賞對方的心緒，並帶著生命的歡愉互動。這點我非常同意，因為一般人沒有這種態度和心情，才會將性的運作以隨便和功能性目的看待。所以性交行為是「心」的交流，只是藉身體為橋梁達到「愛」的傳達。

性交行為的高潮不是結束而是轉彎，更是一高妙的論點。由於高潮的發現、風行，我們不願落入凡俗，因此拚命想完成高潮的體驗，一旦有了，就結束了。其實對女人而言，高潮是一個接一個的起伏，它不是結束；對男性而言，因太執著射精是高潮的終點，不知道可以不射精，一樣達到多次的高潮之另一種發現和實踐。

性是多元、超越的，這個說法非常務實。人們熟悉平常所經歷、所了解的，對不曾見過、體會過的都會害怕，拒絕不熟悉的事物出現，唯恐會受到傷害，所以排斥、抗拒，這甚而包含性教育的實施。我們用自己認定的價值觀和範疇，規範他人必須和我們一樣，沒有因人而異的包容諒解，設定了誰可以有性，誰不可以有性，就如殘疾、老人，大多數人否定他們性本體的存在。有些時候又過分強調性一定要存在，就如婚姻中，如有人不以性作為交流，可以嗎？通常答案是否定的，因此造成當某方不需以性作為連結，而另一方固著的認為必須時，這段關係的走程將變得不順暢，甚至消失。如果我們都能隨心、順意，自然放下，和另一個人（伴侶）相互陪伴，也是一種美麗呀！才不會造成關係的緊張。當雙方能調整匯流時，性能量自然會提升，但它不一定要靠性，它是內在的性能量，自己可以引燃，也可利用外在身體的接觸助燃內在能量，這才是學習的重點。

這本書的鍊金術，換句話說，是將人的生命體和生物體做會合，再去轉變成精緻有意義的本質，而不是停留在生物體的感受與觀看而已，不是以外表可見，身體可感觸的事物做親密、愛的指標；建議再加上生命中的大能，開拓我們的眼和心，使心平靜的領悟熾熱澎湃的熱情，將能量做強大的驅力進行領悟與修行。

本書需要細讀，需要邊讀邊思索，一次次的融入，攪動組合，促使更深的體會，接著產生行為的改變。不論達成了多少，它是達成，作者很清楚的表達了這個意念。現代的人在忙碌中生活，建立關係和性交行為，這本書教人們慢下來，用另一種方法找到真正的自己，真正的愛人，和真正承諾不變的永恆關係。

【譯者序】

精「液」、精「氣」、精「神」

黃漢耀

這是一本奇妙而充滿能量的書，但前提是必須有緣人才感應得到能量，看出字裡行間的奇與妙，讚嘆：「如獲至寶。」

「性愛的鍊金術」，講白話一點就是「修行境界中的愛與性」。

什麼是性的鍊金術？就是「性能量管理」。

什麼是愛的鍊金術？就是「生命的交流」，從性交流進化到與天地萬物交流，與「大道」（或上帝、自然）同流轉。

* * *

一切要從性能量管理開始，也就是作者提到的譚崔之道（Tantra），但是本書的譚崔與坊間常見的兩性譚崔不一樣。一般的譚崔，追求的目標是性的最大歡愉，講究有如瑜伽的姿勢與技巧，有些更加進呼吸調整，但是再怎麼賣弄，仍然不脫精「液」層次，頂多成為「有力量的機器人」。

「精液層次」就是身體的化學作用。當性能量被化學作用所掌控時，性活動只是體液的交換，而性歡愉更是消耗性的，快樂落在陰下一點，非常短暫。如同《素女經》所言：「夫精出（高潮後）則身體怠倦，耳苦嘈嘈，目苦欲眠，喉咽乾枯，骨節懈墮，雖復暫快，終於不樂也。」

在這個層次中，煉精化氣的不漏法，被視為「閉精」，只要精液不射出，就能還精補腦。這根本是天方夜譚。曾讀過一則新聞，一名氣功師十八年來的性生活完全奉行「交而不洩」法門，可是後來常下腹疼痛，檢查後醫生發現，他的精液並沒有化成「氣」，而是化成「結石」。

《萬氏家傳養生四要》不是早就批判說：「或謂我精欲出，閉而不泄，謂之黃河逆流，謂之牽白牛，不知停蓄之處，為疽為腫者有之，非以養生，適以害生也！」

唉，那位氣功師只知其一不知其二。

而萬氏又只知其二不知其三矣！

* * *

體液皆為能量化變而來，因此，精液之所以能製造、排出，一定是能量的流動；能量既

然能流出，那麼一定也有流歸的機制。而讓能量流歸正是更上層樓的精「氣」層次，也是「煉精化氣」之所以可能的根據。

其實這樣說又太落實了，「煉精化氣」是氣動而精將動未動之時；在這個空隙中，氣轉了一圈又歸回原始源頭，有如天空的雲朵，上下滾動後又吸收其他雲氣，但是卻沒有降雨。

還是不清楚？那這麼說好了，精「液」層次的「煉精化氣」（泛指男女之高潮），就像肚子不舒服想吐，可是又把要吐出的材料回收；而精「氣」層次根本沒有吐的感覺（未出，氣機流轉），並把美食消化。這個過程就是「氣」能量的運作，也是消化器官的鍛鍊，正所謂「能量的鍊金」。

再回到剛才《素女經》的下一段：「若仍動不瀉，氣力有餘，身體便利，耳聰目明，愛意更重。」

我之所以討論這件事，是因為作者在本書中也有「保存高潮」的精闢探討，那就是所謂的「無漏法」，而且作者用跳懸崖做比喻，非常生動。如果不直接躍下，而是在最危急時轉個彎重新出發，一來一往之間，形成一道盤旋的能量，有如蜷曲的蛇（kundalini，拙火）。這個「保存高潮」的指點，千萬不可以精「液」層次視之。

當人不再從事消耗的性活動，而是在精「氣」層次讓陰陽能量一再深入互動，才能完完全全進入當下的存在，由「二」變成「不二」。這一切已經超越性歡愉的享樂。

難怪道門的房中養修，劈頭第一句話就告訴你：「欲修男女房中術，先斷淫根愛痴心！」

男女雙修，古往今來一直是許多修道門派的重要法門，因為性是生之大欲，所以成為了解能量的最方便入口，但是也容易成為最令人執著的有為法，甚至淪為採補、享樂的工具，忘記必須在順氣合場、平衡陰陽之後由有返無，應身體、應氣機之自然，因此種種的法門修鍊有成者大多祕而不宣。然而作者卻在書中洩露許多祕傳天機。所以我會說，唯有有緣人才能感應，才知什麼是如獲至寶。

道者有言：「房中之修，神修為上，氣修次之，採精補陽，次之又次也。」

作者的譚崔之道把我們從俗世的精「液」性交層次，帶入精「氣」的能量世界，然後再指出更高一層的精「神」境；這個精「神」境界就是「神交」，就是「愛的鍊金術」。

整本書的要義完全濃縮在這幾句話裡：

性是能量的運作，

愛不是，

愛超越能量的運作，

愛轉化能量，

愛是能量的鍊金。

【代序】

「性」的真實意義

《聖性》（*Sacred Sexuality*）作者
喬治・菲勒斯坦（Georg Feuerstein）

我們的本性是超越身心的。這是大家都高舉雙手贊成的無上真理。它不僅在知性上被認可，同時也是一種可以被實踐的生活真理。

為了實現這項真理，首先我們必須承認：人是有執有障的存在體。執著的「心結」內建在我們的人格結構中，於是，我們無法過真實的生活，無法超越身心的限制，無緣一窺完整的本性。這就是還沒有悟的境界。

在悟的境界中，所有執著的心結完完全全釋放掉，完整的本性終於彰顯。甚至，我們體認到自己的本性與萬事萬物的終極命運密不可分，我們的本性與其他存在的本性是合一的。這個體會帶來了絕對的平靜。因此，我們怎麼可能恐懼？怎麼可能嫉妒？怎麼可能製造衝突？因為「他們」就是「我」，「你們」也是「我」。在悟的境界中，人怎麼可能不快樂？可惜，世界上絕大部分的人體會不到這種快樂與自由。他們在狹隘的格局中被生命衝動耍玩，而且日復一日重蹈覆轍，一直難以突破人格裡的障礙。

而最根本的障礙就是「性」。作者在書中指出，性革命並無法真正解救我們，人也沒有因此更加快樂。為什麼？因為性革命並沒有推翻傳統，我們依然井蛙觀天，對人類的處境也沒有更深入的了解。作者厲害的地方就是，以七十個祕密指點我們，把「性」安放在萬事萬物框架中的正確位置——不只有生物與心理功能，還是人性身心靈交會點上的神聖處。

作者的講學內容不斷刺激我們的思想，這正是本書最大的韻味與風格。作者不只想告訴讀者什麼，還要讀者挖出更多寶藏；同時他也在字裡行間創造驚奇，如此一來，讀者不知不覺中向更高的智慧敞開，生命的轉化也因此可能發生！

我們與內在本性所建立的關係通常是「虛假關係」，於是，在習慣成自然的趨勢下，我們與其他人的關係往往亂成一團，與異性的關係更乏善可陳。結果「性」這件事在今天竟變成最令人困惑，最容易詐騙、最令人挫折的荒謬鬧劇，而且充滿暴力、充滿壓抑，人的內在因此而四分五裂。

追求短暫的性快感，反而得不償失無緣體會愛的美妙與神祕。作者在書中痛快直陳這個論點。他的率真論點，是幾十年來的修行結晶，而且化繁為簡：生命是寶貴的，應該好好

掌握。真的簡單到不行。那麼，如何好好掌握呢？就是擺脫讓我們生活不完整、不快樂的流行信念；透過覺知，了解不可能在錯誤的地方找到快樂。當一個人對這件事有所領悟，他才可以走上靈修之路，才能脫離苦海，不再沉迷於日常生活中的虛假歡樂，然後才有機會在偉大的祝福中彰顯本性。

作者的講道，既不倡導禁慾的苦行主義，也不是注重享受的快樂主義，而是一種融會貫通後的「中道」。他認為，既然我們生來就有性器官，那就要好好用它——適當的用，而不是耗用。他的意思是，我們應當讓性和人類身心靈的種種功能，與大化同流。

作者也不假辭色批評現代的「新譚崔」——簡化古印度譚崔，讓譚崔更世俗化、商業化——因為這種譚崔讓性機械化，讓人去人性化。他認為，交流是天性，我們與生俱來就知道穿越心靈迷宮的途徑，進入到所謂「生命的純真」的境界裡。技巧上的鍛鍊——例如譚崔或其他種種的雙修方法訓練——根本無此必要，因為這些技巧，只會讓人變成機器，讓生殖器淪為工具。我們真正的要務就是擺脫執著的心結，至於擺脫之道是什麼，書上有非常多務實的珠璣之論，我不必贅言。

在開始進入譚崔之前，作者建議我們先處理好自己的親密關係，讓親密關係更符合人性。因此我們必須了解「化學之愛」（致命的吸引力）、「情感之愛」（社會制約的習慣）、「覺知之愛」（自我轉化的發願）的差異，或換個方式說，只要親密關係的目的一直鎖定在高潮，我們就永遠無法明白伴侶身上的「男人」或「女人」，僅能看到表面上的伴侶性格。

在這裡我必須特別強調，譚崔修鍊有百分之九十五與性毫無關係，甚至大多數的譚崔行者過的都是獨身生活。只有某些旁門譚崔會刻意偏重性，但那只是因材施教的例外，不是常規。而且，這些旁門譚崔修鍊，也很重視「保存高潮」的不漏法。

作者說：「譚崔不能僅僅是中規中矩的性愛儀式。」因此，他也贊成保存高潮，讓性能量不斷新生，並讓源源不絕的能量創造出超越身心囿限更精微的覺知，所以真正的「性」（sex）應該是「突然自我不見了」（S*E*X=Suddenly Ego EXits）。

真正的性交流能讓我們忘掉分別的個體差異性。當真愛發生——或者說，在心中被創造出來——果然非常奇妙，自我消失了；自我消失並不可怕，因為「存在」永存，「愛」永存。這不僅是本書的核心訊息，也是人生的真義。

作者選擇了一條困難的路——並非他的智慧太瘋狂，而是很少有耳朵聽得進他一針見血的率真見地，因此俗世的眼睛看到的 Lozowick 是傻瓜一個。然而真理，就像他所發之言，一定會存於宇宙之中，機緣俱足時，我們便有機會聽聞何謂真正的愛與快樂，聽聞我們本性與神性的關聯。大師的慈悲永遠與我們同在。

何必扯那麼遠？現在，就是這樣的機緣，翻開本書，伸長耳朵，注意聽 Lozowick 的智慧警語！

【主編的話】

值得你細細體會的奇書

雷吉娜・瑞恩（Regina Sara Ryan）

這是一本必須慧眼識英雄的奇書，豐富內容有必要慢慢反芻。我的經驗是，讀得太快會過度飽脹而消化不良，並浪費實際體驗的大好機會。所以請慢慢前進，我向各位讀者掛保證，收穫一定很豐碩，你們的豐收對我們編輯團隊也將是最佳鼓勵。

我建議，這本書最好是由伴侶們一起閱讀每一章節，互相唸給對方聽，然後停下來思索、討論。而且也要保持警覺，特別是當你聽到這樣的聲音：「他說的這些東西，不適合我們！」

其實，這樣的聲音暗示著：珍貴的寶物往往藏在沒有興趣的表象底下；更何況，別忘了人往往有防衛傾向。

參加伴侶團體時，本書也能發揮最大效用。一個星期或一個月一次的聚會，書中所呈現的主題，絕對會讓大家討論良久而欲罷不能。但是有一點必須注意，本書並非最後的答案。本書的所有祕密僅提供線索，最後還是要你們親自探索，然後一起提升境界。

至於你是否跟伴侶同住，或是有沒有親密的性伴侶，根本無關緊要，本書對你的價值絲毫不減。單獨一人從書中的獲益絕對不亞於與伴侶一起，只要讀者能按部就班讀下去。作者所提到的關係是廣義的，包括朋友、家人……甚至擴及每一個人，最重要的關鍵在於，不論男女，「成為女人」與生命的關係。

這才是本書所真正指明的方向。

THE ALCHEMY OF LOVE AND SEX

第一部 根

人一出世，有為的文化架構，就把悠然自適的人際關係，攪動得十分緊張，整個身心很僵硬也很混亂。我們的種種行為都找得到動機，但大部分的人不清楚動機能量的來源，造成自己與身體智慧的疏離，成為性能力的殘障者。本書第一部所述的祕密，是基礎工程，是了解本書其他部的準備。

前言

理論上，任何存在脫離不了神性。這樣很好，也很真實。但實際上，現代人必須賺錢謀生，追求更舒服的生活，與其他人建立關係，也要懂得欣賞優雅與藝術，因此，理論上的老套說解，變得毫無意義。

我的教導特別強調，到底有哪些東西阻礙我們對神性的領悟，而不是天花亂墜宣揚上帝，或是甜言蜜語對著神朗誦鼓舞性讚歌，這些事對大家產生不了實際效益。我是非常務實的人，雙腳直接踩在土地上，所講的話一定是大家需要的。

就人的觀點看，神性是「二元對待」（dualistic）的，也就是說，所有的現象與存在都是由互相吸引的對立所組成。就能量的角度看，男人與女人正像電子的正電與負電，或是磁鐵的南北極。但是南極無影北極無蹤，沒有明確具象，更何況，人也有很多事情要考慮，不可能時時刻刻不忘能量，因此，應該很清楚、很簡單的生命歷程，立刻變得複雜起來。

上帝不致於以黑色幽默開人類玩笑，讓男人與女人成為死對頭，因此，男人應該不是女

人的問題，女人也不應該是男人的困擾，但是很不幸，事情偏偏如此。如果男人不化解對女人的心結，如果，女人不化解對男人的心結，那麼，了解人類內在神性這件事情，乾脆忘了它。然而，這正是我要寫出這本書的理由所在。

「性革命」的風暴橫掃西方世界，沒有人不受波及，可是眾人的性關係並沒有比以前更快樂。現在，人人買得到各種奇巧的電動情趣用品，而且各式各樣的書刊、雜誌與ＤＶＤ，使出渾身解數介紹「如何做」（how to do it），可是大家「做」（do it）得比從前更沒勁。

最近，我剛好讀到一本德國雜誌，介紹譚崔工作坊（tantric workshops），主題是努力找尋「譚崔的祝福」。然而這樣的主題就我看來，竟是非常糟糕的自慰沉迷，而且是我所見過最執迷不悟的推脫藉口。所有參與工作坊的人必須看著別人赤裸身體，然後拍打自己的背部說：「我很強！我很『性福』！我很自由！我超級棒！」

這些美其名為「祝福」的吹噓，就我看來完全狗屁不通——暴露狂、偷窺慾，再加一筆青春少年不成熟的性心理。請注意，神性並不是遠在天邊，愈追求只會讓神性跑得愈遠，只有「平常」（normal）的地方才能發現神性。

男人對女人是永遠的神祕，女人對男人而言也是永遠的神祕。當某個人從親身經驗中發現神祕，而且讓神祕成為神祕，那麼這個人確實發現了某些東西。成為偉大的做愛大師——其實只是技術師——就是破壞神祕的作怪大師，也是阻擋神祕的最大絆腳石。

這樣說好了，當男人有能力感受到女人的神祕，在這一神聖時刻，她卻搬出解剖學道理，分析自己哪些器官在構造上可以達到更大高潮，那麼，神祕立刻遠去，男人可能倒盡胃口「做」不下去。

遇到這種情況，受挫而且不滿足的男人或女人，很可能認為自己是符合標準資格的性愛技師，善盡伴侶的責任勉力配合，但是這一切只是粉飾太平，神祕快速消失。同樣的道理，如果某人希望在生活的某個領域成為專家，可是卻完全與神性分離，那麼他頂多只能成為技術精良的服務員，無法登堂入室，進入與神祕溝通的境域。

當然，一個優良的技師有足夠能力點燃頭腦神經的愛慾火焰，讓他看起來具備神性，甚至似乎可以感受到他的神性。可是任何經驗，無論多麼狂喜，如果不懂得照顧孩子、關心伴侶，不懂得如何去愛，或是不知道如何與其他生命相處……其中根本沒有神性！自然而平常的生活，才能還其本來面貌，才是真正的修鍊場——得以轉化的鍊金術就此發生。

神性並不代表要到天堂去才能找到。如果神性要在天堂找，那麼人人都在天堂，而不是處於現在這個地方。雖然說天堂的哲學就是「當下」（here and now），而且，我們要把此地的生活化為天堂，但是很抱歉，我必須告訴各位，這樣子不是天堂！

1 女性是神的印記

心理學家告訴我們，嬰兒在生命初期的前幾個月，所感受到的世界是「不二」的，是「非二元對待」的。

但實際上，他們完全依賴「媽媽」。如果餓了，他們會哭，媽媽就在這裡；如果他們覺得冷，受到傷害或很孤單，「某個人」——媽媽——就在這裡。不過，嬰兒不覺得媽媽與他是分離的，從別的地方來餵他吃東西，給予慰藉。對嬰兒來說，媽媽是他身體的延伸。嬰兒的世界就是媽媽。

到了某一個階段，大概六、七歲，嬰兒的知覺開始改變，他開始看見媽媽「在那裡」——一個偉大而神祕的「別人」——神。

嬰兒不會運用知性「看出」男人與女人的不同，也不會用科學方法區別「男女」。他只是獲得一個整體、有機生命體（身體、心理、精神……）的「男性」或「女性」本質印記。

嬰兒從女性那裡獲得的印象十分強烈，因此會把母親當作神。這件事不難理解。母親提供什麼呢？撫摸、溫暖、關心、照顧，不像父親，他沒有懷孕過，不懂新生命在自己體內的滋味。所以嬰兒在身心上與父親關聯的程度，不如母親。基本上，男人喜歡偶爾抱抱孩子（如果沒有其他事可做的話）。我的兒子還很小的時候，我喜歡看著他，而且碰觸他的時間跟看著他一樣多。看著新生嬰兒，我們的內心會很激奮，特別是看到自己的孩子。我會站在搖籃旁邊端詳他，但是我不會把他抱起來，摟摟哄哄。沒有錯，男人也會碰觸自己的孩子，但不像女人那麼細心。抱孩子這件事，男人與女人不一樣。

當嬰兒看著母親，內心感覺到「那是神」，嬰兒的這個感受並不是意識層面的自我覺察，那是一個純粹、原始、官能作用的本能印象。

如果嬰兒是女生，她的本能感覺應該是：「我有相同的印記。長大之後我將成為神……老天，這可是個沉重的責任。」就是這樣子！這個印記說：「我是神——服務、服務、服務，更多更多的服務。」這個印記想要照顧整個亂七八糟的世界。成為神真是可惡的任務！一個心理「正常」的人，誰想負什麼鬼責任？當然沒有人會這麼傻。然而，這位八個月、九個月或十個月大的小小女生已經知道，「有一天我將負起『神』的責任，因為本質上，我是『女人』。」當大多數的男人還很孩子氣（或像血氣方剛的小大人），喜歡感情用事，這時候我們的小小女生已經知道，也感覺到整個社會沉痾已重——這麼嚴重的大病，唯有神才有

本事醫治。這真是令人肅然起敬的責任感！女生就帶著這個非常、非常深刻的印記長大。

那麼，男嬰又怎麼回事呢？當他抓到重點，感受到「二元性」，開始產生「神—媽媽」的印象，這時候他會想：「我是男生，沒有母親的女性印記。雖然我不知道喜不喜歡那樣子，但是，我要成為神，我要，我要……」

如果在這個課題上缺乏兩性關係的教育，就會造成無法想像的災難與暴力，也難怪，當代社會道德、心理、精神與靈魂的失衡，莫不源出於此。由於缺乏印記，男生必須「接受訓練」才能成為神，然後展現一家之主的族長雄風，然而，不論他有什麼反應，卻無法否認生命體的終極事實：女人就是神。

有趣的是，男生在長大的過程中「被訓練」，要成為神，可是他們的內心卻這樣說：「我不是神。女人才是神。」你們認為，這種心理反應會造成什麼？憤怒、挫折、內疚、自我懷疑、恐懼、防衛……不勝枚舉。而這些內在的衝突又會造成什麼結果？數不清的痛苦、暴力、虐待與盲目。男人用命令、傷害大逞獸性，把女人「壓下去」，然後處處佔她們便宜。這就是男人的方法，企圖忽略、遺忘他們所知道的生命體真相，否定「她的真實性」（Truth of Her）。

當然啦！有些男人更為敏銳，沒有上面所描述的惡質。儘管如此，大多數的男人還是無法覺察到非常細微的心理反作用力，於是這股破壞力道逐漸發酵。男人要接受訓練成為神，可是男人知道自己不是神，基本上這就是一種衝突，所以男人的心理動能就是在反應這個衝突。

在「非二元對待」的不二境界中，理論上我們都是神，包括男人、女人，以及所有的創造物。而且所有的存在都是美善的，然而，生命個體的真相卻不是這樣。

特別是經過了二十五年或五十年的否認，我們意識不到的自我，對整個身、心、靈發號施令，逐漸塑造出我們的信念與直接反應，這些又該如何交待？一個男人不能只是說：「是的，大家都是神。」然後期待療癒，雖然這個願望很浪漫，好像吃下迷幻藥飄飄欲仙，但這是行不通的。我們必須挖掘出潛意識的動機，在清晰的狀態下超越它們，並藉機推倒負面的生命習慣。這才是真實人生的運作法則。

嬰兒必須靠母親提供食物才能長大、活下去，這個明顯的事實不會改變。男人的身體不能製造母奶或其他養分，滋養嬰兒，女人就可以（或許其他的星球不是這樣子，但是在地球上，只要是人類，嬰兒必須由媽媽哺乳養育）。生命的來源、嬰兒的哺育者，過去、現在，包括未來，都還是由女人擔綱。

在許多偉大的靈性傳統中，「神母」（Divine Mother）都被視為世界的養育者，或者是人類的照護者。梵文中甚至稱呼女人為女神。十八世紀的印度聖者那瑪克里希那（Ramakrishna）最喜愛的神是 Kali Ma（神母、時母），是他奉獻、祝禱的對象；並且因為

太喜歡，完全投入，因此有時候在修鍊時會變身為女人。

他穿上女人的衣服，住在女人之中，行為舉止也像是女人。而且，所有的女人都很愛他，接納他，讓那瑪克里希那成為她們的一員。像對待「神母」一樣，他尊敬每一個女人。即使髒兮兮的女乞丐來到廟宇，那瑪克里希那也要在她們的雙腳前拜倒，因為她們就是「神母」，就是Kali。

每個女人都是Kali。那瑪克里希那喜歡女人，並不是因為他討厭男人，或者其他種種的心理因素，都不是，只因為他愛「女神」（Goddess）。

如果男生帶著禮敬神母的印象長大，禮敬這位世界的養育者，不是很好嗎？如果不是「夏克荑」（Shakti，印度的母性女神），我們就不能存在於世上。然而，如果沒有「濕婆」（Shiva，印度的男性生殖之神），我們也無法存在；如果只有「濕婆」，沒有「夏克荑」——這純粹是假設，說著好玩的空論——這個世界將多麼無聊！

如果男人夠成熟，很自然的也傳承了陽性印記，那不是很有意思嗎？很難想像會有這樣的社會出現，當男人與女人禮敬女性，視她們為「夏克荑」或「神母」，同時也禮敬男人，禮敬男人之所以為男人的本質，這樣的社會一定很有趣。我很希望看到一群志同道合的人住在一起，真正認識這些東西，沒有烏煙瘴氣的心理衝突，男人故意「小看」女人，然後女人以恐懼與憤怒回報。真的，我希望瞧瞧這種社區或社會的出現。

2 不被愛的孩子永遠對愛飢渴

每一個人都曾經歷某種最原始的關係：不是「被愛」，就是「不被愛」。這也是為什麼與父母連結非常重要的原因。如果孩子所強烈連結的只是女性，或只是男性，在長大的過程中，他們可能感受到「被愛」，但人格上與心理上只是片面的。如果嬰兒在出生的前兩個月，與父母沒有適當的連結關係，那麼，他們長大以後就會覺得「不被愛」，以後將用整個生命企圖挽回這個「失去的愛」，即使所有的愛都在身邊。也就是說，這個牢騷滿腹的人企圖「重做」（re-do）兩個月大時的情境！真是一個不可能的任務！

韋納・厄哈德（Werner Erhard）把這個困境稱之為「愛的飢荒」（scarcity of love）。如果你曾經是個「不被愛」的孩子，現在已經長大，而且真愛就近在眼前，可是你依然感覺獲得的愛不夠多，於是你將成為「愛的上癮者」（love-addict）。

走向這條路可能出現兩個極端，一種是感情混亂，濫交朋友、草率結婚或離婚，視婚姻

如兒戲；另外一種是感情超級豐富，像牛皮糖死黏對方，感情稍有挫折就哭哭啼啼淚水流不完，而且永遠需要別人的撫慰。這些人特別喜歡寵物，而且一養就好幾隻。他們喜歡在小狗頭上繫條粉紅色蝴蝶結，讓狗狗穿紅鞋或套上花紋奇特的毛線衣。看到這一幕，想必大家已經見怪不怪，沒什麼好哭笑不得了！

總之，我們兩者必居其一：「我被愛」，或是「我不被愛」。一個「我被愛」的人，基本上會有某種程度的自信，雖然說這種人在其他領域可能有點神經質。在生命初期就不幸感受到「我不被愛」的人，總是一直渴望某種證明，證明他們「被愛」。

3 男人的死穴是憤怒，女人是恐懼

接納能力是女性的重要特質，在這同時，恐懼卻是女人的要命大敵。而男性的死穴就是憤怒。仔細觀察，就會發現事實非常明顯。女人與男人：恐懼與憤怒。

一個女人希望為「真正的男人」服務。然而這並不意謂她可以整天拿著掃把清理一個又一個的小房間，並在工作時吹口哨或輕哼流行歌曲——碗盤洗得光可鑒人，家具也擦得窗明几淨——表示她在愛的祝福中感覺很快樂。有些女人確實樂在其中，因為所謂的「服務」，家事活動包括其中。但是真正的服務，本質上意謂著，放下防衛與分離，讓女性的能量自由流動。

為了避免世俗「服務」這個字眼所帶來的困惑與爭論，讓我們這樣說好了，那就是「夏克蒂」（Shakti，女性創造力量的原型）想要服務「濕婆」（Shiva，男性力量的原型），這

並非因為「她」是分離的個體，渴望被欣賞、被感激；或認為也是分離個體的「他」，是一個完美的紳士，應該多加親近。不對，這些理由統統不對。乃是因為「愛」的最終極感受就是「服務」，這兩者絕對無法切割。因此，女人想要服務男人，同時也想理解她的神性本質：「陰性原型」。

女人面對這個原型，恐懼感立刻升了起來，而且持續不斷。這個恐懼感並非突如其來的，而是一種深刻的滲透，並且是完全籠罩的心情。雖然有的女人知道，所有的感覺都很熟悉，沒什麼好害怕的，但是恐懼仍然不時出現。她該怎麼辦？

其中一個策略就是，消除環境中的恐懼來源（這種情形就像在潰爛發膿的傷口上，再度綁繃帶）。然後，當浮上來的恐懼感再度沉下去，很快就忘記隱藏於深處的恐懼，忘記恐懼的無所不在。

另外一個常被選擇的策略，就是咬緊牙關「堅強起來」，用盡一切力量苦撐到底。處理恐懼感，「堅強」並不是有用的辦法，雖然「堅強」需要力量。大部分的人類都很脆弱，無法進行真正而且必要的治療。

還有一個消除恐懼的辦法，就是完全破壞自己的感覺。毒品、酒精、性愛，以及權力，都是常見的工具。當然，恐懼無法被摧毀——它只是被蓋住，或被面具掩飾。如果大家讀過《人物》（*People*）雜誌，就知道許多影星常常被問：「感覺沮喪的時候，妳會怎麼辦？」

一個女明星回答說：「噢！我會花三萬美金，到第五大道的精品店血拚一番。」她繼續補充：「真的很有效。沒多久，我就好了起來。雖然所買的衣服、鞋子和帽子從來沒穿過，但是感覺很棒！花三萬塊真的很有價值。」這樣的策略只會壓抑真實。

如果妳不是錢財花不完的大明星，也許會到夜市的法國麵包店，買些還有點熱的香噴噴奶油點心，或是乾脆吸毒、酗酒、縱慾。實際上，一些用來描述上癮或痴迷狀態的語言——這些狀態代表著掛上人為面具，抗拒真實——正好說明了我們努力遺忘困境的企圖。這正是眾人口中的「驚愕」、「不敢相信」、「浪費生命」與「盲目」。

事實上，妳可以放縱暢飲，大醉三天，那是妳的選擇，可是事後，舊有的記憶還是會回來打擾妳。每一次妳企圖刪除造成恐懼的事情，或是向它宣戰，或故意施放煙幕彈，那就是啟動防衛心的按鈕。只要妳「怕它」，恐懼就更加囂張，而且得寸進尺，不斷消耗妳，這時候妳必須用更大的力量對抗，才能再度遺忘。

女人「遺忘」恐懼的另一個方式，就是更加專心工作，或是讓自己的社交生活更豐富、更頻繁，直到下一次的恐懼感浮上來。她們可能說：「哎喲！又來了，必須趕快轉移注意，然後就能安然度過，不必真正去面對。」這個不斷否認的戲碼，恐怕將演出一輩子。

還好，只要生命中的時機一到，女人就不必用努力工作或穿梭社交來轉移注意力。只要夠幸運，她就能經常看到恐懼，而且時時刻刻覺察到它的存在，然後，願意用誠懇的態度

面對它。

永續處理恐懼的唯一方式，就是體認到「恐懼之前」（what is prior to it），如此才能找出恐懼的根源，然後安住其中，保持覺知；生活，與恐懼共處，這是一個自我選擇的行動，不可能有「如何做」的方法性指導。

一直在生命深處鬼鬼祟祟活動的恐懼，企圖阻擋女性氣質的發顯（恐懼永遠趕不走，只能暫時驅逐），超越的唯一方法，就是體認到「恐懼之前」，而且願意安住在這個體認之中，因為這就是妳的存在狀態。

即使短暫經驗到這個安住狀態，也聊勝於無，但這不是最根本的解決。恐懼可能隨時武裝起來上戰場，意思是，它又將消耗妳的生命。終極而言，永遠安住其中，把這件事變成生命脈絡的一部分，最好能消融在妳的生命之中，而不是妳想像或投射的某種幻景。

*　　*　　*

現在轉到另外一半的人類。

用成熟的方式處理憤怒，就必須認識到憤怒不是由環境造成的（威脅也是如此），或因為外在因素與不合理的事情。只能說，男人的憤怒，其原始根源與女人的恐懼一樣。

我見識過最明顯的憤怒反應。有一次，一名男士用理性分析憤怒（事實上分析不出任何名堂），不斷「參究」（enquire，註1）為什麼引起憤怒：

「我在『氣』什麼？」他問自己。

沒事，實際上那只是怒氣。

「但是，一定有理由吧？」

當然，當然有理由，但是，理由都是過去的，而且完全與現在的狀況不相干。

同樣，恐懼也如出一轍，「一定有什麼理由！」女人這樣質疑。

沒有錯，恐懼一定有什麼理由，一定有其重大關鍵，就像隱藏起來的憤怒，也一定有其重大關鍵。但這些不是客觀的理由，而是讓自我覺得有道理的理由，這些理由與我們長大成人的生命一點也不相干。可是我們的反應就跟太早接受如廁訓練的小孩子一樣，笨手笨腳急著脫下小褲子，或如同犯錯的孩子，忙著找藉口脫罪。即使已經是成熟的大人了，我們還是想為小時候的不如意編造故事，並企圖補償。

任何情形下，處理憤怒與恐懼的方法就是體認到，這些質氣就是你之所以運作的最原始動能，用來防衛自己、表達自己。然後，請記住，你總是企圖遺忘它們。最後，「參究」這些質氣，不必自欺欺人指認任何膚淺的環境因素，或是找出生命中造成這些質氣的理由，當生命中出現令你恐懼與憤怒的東西，這些東西通常只是誘因。

請注意，我並不是在指自然事件造成的恐懼與憤怒。如果你愛的人生了重病，你會感覺恐懼；如果你剛開完會，走出辦公室來到停車場，發現愛車被人撞個大凹洞，你會很生氣。但是，這裡討論的不是這種恐懼與憤怒。我探討的是最原始的動機，一個本質上的困境，那是一種活生生的感覺，而且沒有任何理由，它就是如此呈現，種種的理由都是表面的，唯有透悟，它們才會消失。

千萬不要小看自己的快樂能力，因此，何必用一些虛假的理由，假定某某事件或某種環境造成你的憤怒或恐懼。譬如，女人可能這樣說：「每一次我都被男人傷害，他拋棄我，所以我一直害怕捲入男女關係。」胡扯！或者，男人可能這樣說：「她要什麼我就給什麼。我跟她分享一切，包括自己的生命。現在，看看她在法庭上做了什麼。真是氣炸人！」這些表面的解釋，跟憤怒與恐懼的本質無關。

＊　＊　＊

應該如何開始覺察憤怒與恐懼的產生？我們必須從某個地方下手，一步一步慢慢跨出去，否則無法成功。首先要訓練「專注力」，這樣才能覺知到憤怒與恐懼產生的過程。「專注力」訓練首先要注意你怎麼用嘴巴——你對別人說了什麼，用什麼方式說、語氣如何，是否經常重複？冷靜、客觀觀察這些東西，不必遽下結論。如果你注意到，從嘴巴說出來的東西都是垃圾，例如抱怨連連，那麼就必須想辦法改進。所以，第一要務就是停止這種壞習慣。

我們希望完全安住於自由自在，然而「如何」安住卻沒有方法。自由自在並不是某種可以得到的東西，無法靠追求獲取，拜師學藝也求不到。反而，那是一種放鬆、放下後的進入，不是變成什麼或得到什麼。那是一種淬鍊與蒸餾。在蒸餾、蒸餾、又蒸餾之後，留下來的是什麼？「本」（Context，註2），一切的本源。為了蒸餾出生命的品質、淬鍊當前的處境，我們可以用淡然處之的態度面對憤怒與恐懼。每一次我們抱怨，口出惡言，從生命中退縮，就會強化這些原始的困境。

當恐懼出現，女人傾向於從生命中撤退。她們會縮在角落，接受恐懼的宰制；她們會閉嘴，把自己關機。當憤怒冒出來，男人會握住它、順著它，從有情有義的這一端，跑到另一端——反應激烈，充滿破壞力，凌虐面前之人。

當你想要結束浮躁不定的心情，就已經開始淬鍊生命。這時候沒有必要加油添醋，用所謂的正面鼓勵畫蛇添足說：「每一天，每個方面，我都愈來愈好，愈來愈好。」這樣做只會鼓勵你遺忘憤怒與恐懼，甚至一忘就好幾年。

我們所關心的就是蒸餾與淬鍊。憤怒與恐懼老早就已經存在，根本就不是環境因素所造成的，這樣認定只是想像力的濫用。所以，被濫用的想像力打擾，免了吧！

註1：「參究」（to enquire, Enquiry），即傳統修行的「參話頭」，過去常用「我是誰？」（Who am I？）做話頭。作者把「我是誰」的話頭修改為「我在鬧誰？」（Who am I kidding？），用來對浮現的任何情緒、念頭、經驗，做隨機反應。參究或參話頭，可以讓我們對生命的本性有更深刻的領悟。

註2：「本」（Context），形式或內容之下的實質，在尚未顯用時，那是情感或個人特質的背景（context）。顯用時則與「天命」或「上帝的意志」（Will of God）同流轉，這就是上師所獨具的能力與特色。

4 男人憤怒是因為不會表達悲傷

大多數的男人是憤怒的。他們之所以憤怒，是因為不懂得哭，相較之下，憤怒容易多了——自我也能享受到快感。憤怒是一種自以為是的自我滿足，永遠有一個對象，無論對象是真實的或想像的。這是常見的景象，沒什麼好悲哀的。

大多數的男人不願意表現出悲傷的樣子。男人喜歡追究事情的「原因」，他們不喜歡「感覺」。所以，男人的憤怒是因為缺乏某種能力的結果——當然，有時候是不願意，但常常是沒有能力——不會哭、不會悲傷，不會感覺自己的難過，即使自己的車子被撞得稀巴爛，也無動於衷。不只如此，他們不會為種族歧視的流氓行為而大哭一場，不會為自己生為渺小人類而痛哭失聲，更不會設身處地感受到神的大悲願。我在這裡所討論的哭，並不是流眼淚的能力，而是一種悲傷的能力，用全部的身體細胞去深刻感受的能力。

大部分的女人認為，男人的憤怒沒有正當性，像是小男生得不到想要的東西而鬧彆扭，很不應該，她們看不到男人為什麼憤怒。女人常常假定，男人的憤怒可以控制，而且很表面。如此一來，男人更加憤怒，甚至展現暴力。現在，他的憤怒立刻有了發洩對象——眼前那個對他落井下石的女人！譬如，一個男人怒氣沖天回家，因為公司沒有加薪，他又不能辭去工作，這時候妻子竟然在旁邊碎碎唸，此舉無異火上加油。男人會怎麼做？拳頭對著她飛過去！這是一種惡性循環。男人很少接觸到自己的存在深度，這個存在深度與他們的悲傷有關。反而，他們利用與女人的關係，鎖定這個焦點，表現憤怒。女人成為男人憤怒的投射祭品，結果，男人卻沒有去解決自己的問題。女人或「陰性」（Feminine，註1）就是男人之所以憤怒的答案。女人充滿著悲憫心腸，因此讓真正與完整的治療變得可能。男人對女性主義與其他許多事情很氣憤，因為這些東西觸及他們痛苦的真正根源。他們很確定，憤怒是一種罪惡感，一種不好的習慣，於是許多男人以昇華的手段或偽裝手段，掩飾他們貶抑女人的行為。這樣的男人有可能對祕書吆喝說：「咖啡拿給我！」實際上咖啡放在桌子上，往前走兩步就拿到了。這就是權力與控制的信號（就像憤怒的表達），所以命令祕書去拿咖啡。

一般人心理上對憤怒的反應是：「生氣很不應該，因此我不應該生氣！」這樣的態度會轉變成否認或壓抑，甚至更糟糕，為憤怒找藉口而變成「好事」。「如果我不應該生氣，」一個男人這樣說，「那麼我就必須證明，用自己的方式證明生氣有必要，也有益處。」

男人的憤怒表達是不是搞對方向，這時候女人扮演關鍵的決定角色。男人天生是為「女人」而存在的，這個深藏於潛意識對「陰性」的依賴——無論就個人層次或宇宙層次——成為男人神經質的基本材料；而男人的神經質，則成為自我對女人的厭惡，進而演變為男人的族長統治行為。憤怒其實只是一種簡單的情緒表達，但往往混入太多其他東西而變質。

基本上，憤怒的表達是針對女人，女人因此被冒犯、被侮辱，可是女人直覺到，她們不是造成男人憤怒的主因。男人之所以憤怒是因為，他們統治女人好幾千年，可是內心裡面很清楚，這只是習慣而不是真實生命，不是「神性實相」（Divine Nature of Reality）。在心理的層次上，男人真正擁有權力的時候反而感覺無力，這方面他們不清楚，也意識不到。對於自己的無力感，他們拿不出解決之道，只能憤怒，然後因為憤怒的後果而痛苦，一直被無能與挫折玩弄於股掌。

今天，女人正在爭取，企圖重回生命能量場的正確位置。但是女人跟男人一樣，不清楚，也意識不到，於是在本能的驅策下，以「反男人」、「閹割」等「高壓兼誇大的語言與行動」企圖重新平衡，說她們追求平等，但實際上是想重建「女神」文化，因為女神文化是智慧與神聖生命的根源。

在表面層次上，男人的無力感是真的，但是在更深的層次上，男人的憤怒是一種結果，因為他失敗了，無法為「真實的失落」（the loss of the Truth）而悲傷，這是他的失敗。如果女人可以了解，男人的憤怒並不是因為加薪不成，而是一種情感的封鎖或拘束；如果女人能夠理解，不再把男人的憤怒看成是個人事件，因而覺得受到侮辱，那麼，兩人的互動將發生重大改變（轉化憤怒是沒有必要的，但是在某些情形下，轉化可以幫助男人獲得平衡，解決問題）。如果說，當男人吐露心聲，句句內心話具化為淚水，而女人提供支持與滋潤，沒有在傷口灑鹽，這才是真正的轉化（我知道做到這種程度相當困難。憤怒不像悲傷，可以喚起同情與同理心。憤怒很容易惡化為暴力）。

如果女人可以弄清楚男人的憤怒，也願意「照顧」男人的悲傷能力，有時候，男人將很感激。他們會真的開始悲傷，允許照顧與滋潤，並徹底卸除不願表現悲傷的假面具。

當男人走進這個歷程，特別是他覺得受到妨礙，必須走入內在的時候，女人最想做的就是「扮演母親」安慰他。她會很親切、很憐愛，認為男人現在最需要獨處，誠實發洩自己的悲傷。確實如此，只要給男人短短的三分鐘——還有一點隱私空間——他將會振作起來。

就心理層面而言，男人需要空間，女人需要保證。女人悲傷的時候，需要男人用肢體語言撫慰，向她保證，保證提供安慰與支持。她要男人說：「我依然愛妳，我需要妳，妳真美麗！」儘管她是黃臉婆。

男人不需要類似的保證。男人需要空間，他需要在隱私的空間處理自己。如果男人可以獨處，事情很快就可以處理好，讓他對女人的負面心情，迅速終結。

悲傷不是憤怒的根源，而是悲傷戴著憤怒的面具。如果沒有利用憤怒轉移注意力，悲傷馬上浮顯，這時候的「悲」是一種偉大的謙卑，也是令人敬畏的轉化。這個真正的悲傷正為人類的處境而長長嘆息：為「神性」的挫折而嘆；為人與神不能出現完美的關係而嘆；為我們沒有看清真正的自己，為我們沒有洗滌自我的偽裝，為我們沒有從投射、欲求、期待與恐懼中解脫，而仰天長嘆。因為只有住在「實相」中，我們才得以解脫，完整肯定生命，除此之外，沒什麼好欲求的。

正因為真正的悲傷燃燒太多，我們只好用憤怒來閃避。憤怒是「自我」（ego）對於自己與無意義的關係太過親密，所表現出的激動反應；或者相對於「神性」的完整與統一，憤怒是自我缺乏自律而惱羞成怒的反應。

有時候，當我們提到「悲」，一般人似乎只想到平常的哀傷憂愁，而且認為跟生活中某些問題有關。可是只要你有機會感受到蔣揚・創巴仁波切（Chögyam Trungpa）所說的「真正的悲心」（genuine heart of sadness），就能深切經驗到這與平常的悲傷完全不一樣。但是，在尚未以整個身體經歷平常的悲傷與「真正的悲心」的不同，你絕對無法體會其中的差異，因為知性的了解太狹隘，也太多限制。

所以，我們不能夠把平常的悲傷——因為失去或個人因素所造成的痛苦——與菩薩（Bodhisattva）的「悲心」混為一談。如果無法區別這兩者，我們等於再一次遺忘「神性」。

註1：「陰性」（Feminine），宇宙的一「極」（polarity），與神性的形式有關，也是人類的本質之一與心理性格。

5 五根之上才是純粹又完美的男女原型

中古世紀的歐洲有一個很特別的運動，叫作「騎士精神」（chivalry），男人誓言絕不與女人發生肉體關係，只會把心儀的女人視為理想的仰慕對象——只能純情愛慕，不可以接觸。這些「騎士」們創作文情並茂的情書與情詩，懇求女士們的應允，成為愛慕對象，也接受他們所奉獻出的愛。

我們這個時代男人與女人的親密互動，說起來有趣，多少有些類似中古「騎士精神」風尚。當男女互相分開時，他們對男性與女性的基本能量，感受非常敏銳。分開的時候經驗到完整性與責任感，而且清楚感受到彼此真實不虛的存在。他們會出現非常明確的意圖，願意廝守一起，為對方奉獻、服務，也充滿寬大同情與廣澤的柔情。

只要他們不被膚淺的五根——眼、耳、鼻、舌、身——刺激所牽引，很容易就「看」到

或「直觀」純粹又完美的原型——男性或女性原型。

男人與女人試圖把各自所代表的陰、陽能量聯繫起來，矛盾的是，當他們相處一起，「自我」卻利用身體作用，創造出完全自私或以自我為中心的環境，進而互相操控而不是互相關聯。

讓我們來看一個例子。一個男人與一個女人分開了一整天，分開的時候他們偶爾會想念對方。男人這樣想：「當我回家，就可以看到我的女人，她是那麼美好。我要獻給她一個熱情的深吻，藉此問好，讓她知道我想念她一整天。然後我們坐下來說話，我會在桌上點些蠟燭增加氣氛，然後再送上一束鮮花，這必定是美好的夜晚！」而女人這樣想：「我要早點回家，煮一頓特別的晚餐。我很清楚，征服男人的心必先征服他的胃。」

終於，他們在晚上見面了，舉止文雅，準備互訴愛慕，溫暖敏感的心。男人走進家裡，以神祕難測的黑色幽默感，準備給她一個驚喜。這時候的女人已經在廚房忙了一個多鐘頭。

「在煮什麼？親愛的，味道好香！」他看著烤箱中的紅燒肉說：「不會是香肉吧？老天！我才剛開始喜歡狗而已！」

還好，女人對這個男人的無厘頭已經見怪不怪，沒有太多的不快，她只是：「哈、哈、哈，真好笑！先去洗個手，準備吃飯。」

他應了聲「好」，以輕快的舞步滑進浴室，像隻快活小豬，洗手，在鏡前仔細欣賞自己。

幾分鐘後男人從浴室出來，在餐桌椅子上一屁股坐下。可是女人說：「不對、不對，我要你坐在這裡。」她指了指另一張椅子，那可不是男人常坐的地方。他說：「我不能坐這裡嗎？」

她說：「不行、不行，這很重要，你必須坐在那裡。」

他投降了，坐到女人指定的地方，在這同時他有點牢騷：「這麼回事？男人的家就是他的城堡，不是嗎？國王應該想坐哪就坐哪，不是嗎？」

最後女人端出晚餐，她也用輕快的舞步在男人身邊走動，說不定還哼著歌，就像所有感情豐富的快樂女人。她照顧他，像母親一樣關心他。當女人把男人視為兩歲孩子般照顧，他的心裡有點不太樂意。所以，結果可想而知，晚餐結束之後，他們的內心起了些微變化，各有盤算，而且多少有點不爽，雖然他們之間很有禮貌，也希望等一下對方主動示好，但是緊張已然造成。

當他們分開的時候，絲毫嗅不到緊張，只有愛與欣賞，並希望彼此的關係不斷進展。可是終於聚在一起了，以往的習性與未能覺察的內心盤算，模糊了他們的好意。

關於女人，男人之間流傳一種說法：「女人，稱兄道弟輪不到她，可是也不能沒有

她。」女人之間對男人也有傳說：「男人，妳拿他沒辦法，他們都是小男生，為什麼是那麼可愛的小男生！」不管男人的長相是否跟我差不多（像畢卡索的抽象畫），所有的男人都希望打動女人，讓女人這樣想：「我的英雄！」

男人有時候知道女人要什麼，以及女人想要如何被善待，或者，男人知道「女性」的需求是什麼；反之亦然，女人也清楚「男性」的需求。然而現在有一大麻煩，由於「自我」的力量非常強大，很可能用「迂迴」的方式隱藏它的意圖，並因此遮蔽我們，可是有時候我們卻能清晰感受到自我的不軌，於是我們與自我互相拉扯；我所謂的麻煩就是如何解決這個拉扯的困境，但千萬不能錯誤解讀自我的神經質企圖，「迂迴」這個形容說不定太輕描淡寫。自我的整個意圖就是求生存，所以將「摧毀」任何阻擋求生存的障礙！真的會摧毀任何東西——包括自己的身體。許多自殺個案顯示了這個可預測的心理事實。

處理這個分裂的困境，有三個步驟特別好用：理解、意願或解決，以及願意付出代價的戒律。第一個步驟就是清楚而準確的了解「習性」的運作機制，也就是說，性如何成為有力的工具，用來操控自己或別人，而不是兩性關係中的愉悅元素。同時在理解之中也要認知到，改變不可能睡過一覺後就發生，而且，改變與進步必須親自參與，不能假手他人。

處理男女困境的第二個步驟必須建立一種態度，承認必須練習、體驗、自我觀察，才能解決困境，而且必須有意願造成改變。然而，這與禁慾主義的苦行鍛鍊無關。

第三個必要步驟就是，願意奉行得以成為完整人類的原則、忠於自己的性別能量，解決困境並有所收穫。然而，你一躺下就只想到性，就永遠不會有「對的關係」（Right Relationship），永遠當不成「真男人」或「真女人」，也永遠整合不了活潑又健康的「男性內在的女性氣質」（anima）與「女性內在的男性特質」（animus）。

所以，與愛人或伴侶在一起而沒有緊張氣氛，是需要從經驗中練習與學習的，然而更重要的是適當的環境（the proper context，見第三個祕密註2）。一輩子的生命習氣，沒有快速的轉化方法，需要經過多少世紀與傳統的嬗遞更不必說了。

6 參究男人的暴力，女人的束縛

禱告螳螂（preying mantis）是很特殊的昆蟲，有人專門飼養，用來研究同類相殘的行為。雌性禱告螳螂在受孕後會吃掉雄性，她先咬頭，然後是最美味、豐腴多汁的身體；有時候，即使雄螳螂已經死了好幾個小時，雌螳螂邊吃，雄螳螂還繼續交配。

很多男人在心靈最深處也有這樣的感覺，這正是他們與女人在一起的寫照。男人覺得，他們的生活被女人啃蝕，生命也被女人閹割。這種感覺不是直接指向某個特定女人，而是一種心理感受，也是男性與女性的惡性能量互動。

男人對女人會展開暴力攻擊，特別是針對「拒絕的雌性」，也就是對抗「虛榮」與「壓制」的女性——但這卻是所有女人的特質。男人的攻擊針對女人的神經質，而不是原型的陰影性格（女性能量的必要部分）。

實際上，「陰」損「陽」，因此任何心靈正常的男人都會乖乖向「這個能量」──向「她」（Her）──順服。女人並不想閹割男人，可是男人太孩子氣了，當女人終於認識到，眼前這個三十多歲的男子竟然是她所有希望的寄託，可是他經常一臉疲倦相，而且「像靜止的開關等著被人按下去」，真是令人沮喪！女人以媽媽的態度對待男人，會令男人痛恨，然而男人並不清楚，從痛恨中產生的不成熟行為將引發多大的後患。

並不是所有的男人都會攻擊女人，因為每個人的層次不一樣。不過男人攻擊女人很常見，因為大多數的男人沒有受到母親的妥善照顧，所以長大之後的男人，是以虛弱而不自然的母性照顧來界定自己的人生，不是從「知道自己是誰」（男人）而激發出力量。不夠自然的養育，影響長大後的男人，難怪他們常常覺得要去控制。男人並沒有責怪母親，反而把所有罪過推給整個文化中的女人。由於這個副作用早期就影響男人，所以他們很快也忘得一乾二淨；或者換個方式說，男人在成長過程中發展出的社會意識，遮蓋了他原始的潛意識，男人並不清楚，他享受對女性的征服，成為他的獵物。如何被社會接納，男人學習得駕輕就熟，可是卻壓抑了本質與環境之間的衝突（我在這裡強調，在某個層次上，男人確實真能享受女性能量、女性伴侶與女性的本質）。

南施・法拉蒂（Nancy Friday）的著作《我的祕密花園》（*My Secret Garden*），專門探討女人的性幻想。這是一部狂野、驚駭之作，也造成轟動狂賣。然後她又寫了一本男人的性

幻想，透過問卷與雜誌廣告收集資料。

這兩本書我都讀過，與第一本比起來，男人的性幻想簡直太遜了，乾枯無味、無聊又無趣，與女人的性幻想相比更是想像力不及格。更令人震驚的是，許多男人在激情過後，對親密伴侶的性幻想竟然滲入暴力（當然，大部分的男人不會把幻想變成實際行動，因為還是有基本的良知）。男人也不願意互相公開他們的性幻想，因為這跟他們的道德觀念與本性有衝突。基本上，男人是壓抑的，而且與真正、自然的「陽性」脫離。

女人的性幻想則與「束縛」有關，期待男人征服她們，或是成為任男人擺布的奴隸。有趣的是，女人在性幻想裡並不想閹割男人（這是男人的最大恐懼），反而想順從男人，為他們服務。過去數千年來，女人飽受男人的蹂躪與凌虐，所以，出現這樣的性幻想，真的很有意思。

現代人以為，為了讓男生發展出強大的男性特質，只要一出生，他與母親的身、心連結就必須立刻切離。現在，母親都到醫院生孩子，嬰兒一生出來就被抱走，放進保育箱，然後爸爸進來抱抱新生兒，只限一、兩分鐘。醫院雖然不禁止，但也不鼓勵餵母乳，也不鼓勵「自然生產」；也就是說，醫院最主流的態度就是，不要讓父母太麻煩：「最好用奶瓶餵奶。」——讓嬰兒抱著奶瓶豈不更好？「受到訓練的新生兒，就能按照規定的時間吃奶，不會造成母親的不方便。」在這種情況下，男人幾乎無法與小孩產生連結——不論那是他的兒子或女兒。

從來到人間那一刻起，嬰兒就應該與父母產生連結，而且一定要有男性的定期陪伴，這樣才能發展出強大與一貫的角色模型。家人之間的親情應該隨時隨地，在任何環境下自由表達出來。對一個小男生來說，最糟糕的事情，莫過於親情只存在於父親與母親之間，但是他與父親卻沒有如此緣分。或者，母親對父親表達出親情，但是對孩子卻無動於衷。有些人覺得，對伴侶表現出情愛，比對孩子簡單，這是很不幸的看法，但是可以被同情——只要你了解到，太多的大人在兒童時代沒有接受適當的養育，也沒有與父母產生親情連結，所以拖累下一代。

*　　*　　*

要解決男人對女人的暴力衝動，第一要務是不要激發它。如果男人有意改善自己，退一步海闊天空的想法，就是一個放大鏡，可以仔細檢視內在的動力，而且可以讓自己有著不帶情緒的清明，有更大的改變空間，甚至悟出改變的方法。

理性上，我們很容易了解暴力與攻擊的心理因素，但是為了獲得實際的洞察力，男人必須深化自我觀察與戒律。當暴力即將脫韁而出，這時候，如果男人可以清晰覺知，並安住在暴力升起之前的境地，那麼攻擊行為將無從發作。

「參究」也是一種繼續深化覺知層次的方法。我們可以透過參究，進到暴力升起之前

的境地。每一次，只要內心有一股力量正要冒上來，我們可以這樣問：「我在鬧誰？」例如，怒氣浮出時立刻問：「我並沒有痛恨女人……那麼，我在鬧誰？」經常做這個「參究」的練習，就會愈來愈熟練，愈來愈自然，而且幾乎與憤怒的暴力同步起作用，不過先決條件是要有練習的意願。

攻擊與暴力並不是「天賦」，雖然多多少少可能有點遺傳，不過攻擊與暴力仍然只是環境反射的行為。

就像政治問題，男人與女人互動時的攻擊與恐懼，並沒有立刻的解決之道。但是，如果我們願意思考問題，也有誠意解決問題，也許幾個世代過後，就會出現一些散布種子的人，他們可以把問題界定得很清楚，而且把自己的體會傳遞給更多的人。目前，我們能做的是體認到自己的動機，然後拆除暴力行為的引信。能夠做到這一步之後，我們才可能實質轉變，「順應天命」（Surrender to the Will of God，註1）。

註1：Will of God，天命、神意或神的意志，是一種宇宙神性能量的自然表達或表現。神意並不是銘刻在石頭上的敕令，要求我們放棄個人意志，向神意屈服；神意是一種直觀，在每一個獨特環境中直觀到「正確的道路」，而這個正確的道路就是我們的選擇和回應。Surrender，順應，不是選擇，而是心中了悟每一當下的對應，都是恰當的，都是「順機」、「應機」。

7 男人不需要向媽媽證明，只要愛她

如果成為男人——有頭有臉的男人——是為了向父母證明，自己就是男子漢，那麼這已經不是單純的證明題，可能還是選擇題、改錯題、申論題……

如果你是雄性人類，而且必須向你的媽媽證明，那麼，你就必須向每一位有親密關係的女人證明，也必須向大部分與你沒有親密關係的女人證明（用身體姿勢證明，無論那是潛意識所擺出的姿勢，或性經驗裡的姿勢）。在這種情況下，很難維持良好的關係，不只是伴侶之間，還包括另一半的雌性人類。面對媽媽，你必須向她證明你沒有問題，很成功、很獨立，而且已經長大。

你的媽媽永遠待你如嬰兒，即使現在的你已經四十多歲，甚至她或你已不在人世。向媽媽證明，並非說服她，要她相信你已經是成人了，因為在媽媽眼中，你永遠是她的小寶

貝。非常明顯，這不是什麼難解的祕密。

真正的證明不是說服，而是愛她，因為她是你媽媽，她就是她，不是你認為她應該怎樣就怎樣，也不像你小時候希望她怎樣。要讓媽媽終於相信你已經長大，而且可以自己做主，這樣的努力不僅徒勞無功，也不可能成功。你只能用愛她的方式向媽媽證明，真正的愛她，即使你功成名就，一大堆人追著你要簽名，對著你鞠躬、跪拜，媽媽還是認為，你是她的小寶貝。你永遠不必向媽媽證明，現在的你多麼偉大，或已經變成什麼，你只需愛你的媽媽。

很明顯，如果你企圖向伴侶證明，那麼你將看到關係中的障礙，而這還有什麼關係可言？有些男人為了向媽媽證明，對他們的伴侶很惡劣：「我要告訴妳，我很獨立，我不需要靠妳，女人。」他們不曾和顏悅色，也不肯讓步，「大男人」絕不能被伴侶看扁（但性高潮時卻總是有點沮喪，雖然他們強烈否認這點，並且大部分是否認給自己聽）。

有些男人為了向媽媽證明，對女人溫柔體貼、百依百順：「是的親愛的，是的親愛的，我不是個好男孩嗎？妳說什麼我就做什麼，而且我不會做錯。」或者，「是的親愛的，是的親愛的，這一次我不會再做錯了……媽……」試著向希望你是男人的伴侶說這些話，看看會有什麼結果。想要當個新好男人，做法有好多種，但如果你把另一半當作媽媽看待，恐怕是非常糟糕的辦法。不知道大家有沒有注意到，有些男人娶到的女人，幾乎是自己母親的翻版？這是常見現象。許多男人「娶回」他們的媽媽，因為他們不能沒有母親，無論年紀多大都需要母親的照顧；但是他們可以沒有老婆，繼續像過去一樣，成為依賴和叛逆的孩子。他們認為這就是「愛」！「關係將持續運作，我不必改變。」他們的潛意識這樣說，「因為母親永遠愛我，不會計較我的缺點，同樣的道理，我的老婆（新母親）也將如此。」夫妻之間不會討論這種話題，因為這是最原始的動機，距離他們的意識非常遙遠，就像如果你看到自己的後腦，一定覺得非常荒謬，可惜你根本看不到。

女人也企圖用類似的方法向媽媽證明：利用她們的伴侶。「如果我的男人被管理得服服貼貼，妳就會讚美我的能幹。然後妳就不會取笑我，這個三十六歲的女人還像個孩子，對不對媽媽？」

如果女人有意識到自己向母親證明的企圖，這樣也好。可是，如果她能夠完全的注意與覺知，就會停止做這件事。如果她能更進一步注意關係的本質，就會發現其中的操弄與強迫。這也就是為什麼我們要靈修的最大原因——因為我們不夠自由。如果我們確實知道自己「正在」做什麼，靈修就顯得多餘。

注意到「跟自己的母親結婚」時，不必大驚小怪，不必這樣想：「老天，我必須換人，多噁心，我一定是發神經，才會跳入這個陷阱。」那又怎樣？許多人都是在發神經的狀況下建立關係。我們還是可以建立美好的關係，但是要用智慧和清明的心，化解神經質，好

好處理我們的關係。

與關係和好。怎麼說呢？多少人真正有機會看到真理，實際解決他們所不知道的事情？大家只是在成人的世界中不斷受到刺激，不斷引生衝突。如果這個問題不解決，婚姻頂多維持表面和諧，卻以謊言為地基；而最壞的情況可能是背叛與暴力不斷的惡夢，走向「互相拖累」的地獄，沒完沒了的失敗循環。

改變不會是重點，從經驗中學習也不是重點，重要的是當下，你所擁有的，而不是期待未來，期待什麼應該改變。

8 找回女性氣質，就是找回開放的心

當今的心理治療特別強調「找回女性氣質」，但我認為這個議題早已超離心理治療的領域，心理治療應該處理在童年期被無知大人虐待、忽略、羞辱的根源。

在女性氣質的狀態中，男性氣質是唯一的病態。如果女性氣質真的「被找回來」，男性氣質也會因此安頓下來，也不用再做什麼，一切自然而然成為健康的整體。所以我們看得出，問題就出在男性氣質以自己錯亂的宰制、操控、權力，排斥女性氣質的豐富、美麗與深度。這個男性氣質的病態，實際上是一種反應，一種情急之下的反應，企圖平息內在的罪疚與羞愧，因此不斷貶抑、凌虐女性氣質。這個病態是男人的企圖，企圖遺忘沒有女性氣質、沒有伴侶的事實，因為這樣的事實讓他產生無力感。

真正的找回女性氣質要用整個身體去完成，必須連接上女性氣質的神聖本源，恢復應有

的角色意義。

許多人都曾經有與女性氣質互相交流的經驗，但是要進入本源，永遠進入祝福大流，我認為必須接受前人的引導。以個人的力量進入本源、進入大流，一定會遭遇非常多的障礙，因為「自我」一直在分裂你，阻隔你。所以很明顯，這是一個「打敗自己」的過程。理論上這是可能的，但實際上卻不可能。

我認為接通女性氣質，就是碰觸到本性，就是發現神，找到上帝。能夠做到這個地步，進入這個境界的人，我稱之為「魔法師」、「奉獻者」、「悟者」、「戰士」、「薩滿」（**shaman**，巫者）。適當的心理治療可以幫助我們整理自己，因為我們太執著，不願承認和女性氣質連結的可能性；透過心理治療的疏導，右腦的運作也許會更為順暢——我們將在各種可能性裡優遊自在。

大部分的文化傳承裡，男性宰制了好幾千年，女性也因此被操弄了好幾千年。我們甩不掉這個文化記憶，不管去哪裡、做什麼，我們一直帶著這些記憶，並視為理所當然。

因此，找回女性氣質的第一步，就是去了解我們隱藏了多少遺憾（例如男性宰制女性的文化記憶），如此我們才有治療的意願，才可能完整。這是偉大的一步——大部分的人做不到，總這樣想：「嗯，這是個小問題，沒什麼了不起。」不對，這是了不起的大問題，了不起的一大步！

接下來，把我們所揭露的遺憾放在心裡，不要刺激它們，也不要覺得受到傷害。找到這些遺憾的根，你就不再受它們騷擾。在這同時，不要隨環境起舞，保持覺知，覺察你的遺憾，你知道你不想繼續擁有這些遺憾。這就是把你的意願放進心念裡，然後「神聖的影響力」（Divine Influence，註1）將照顧整個情境，但也需要你的努力。神聖的影響力將提供必要的作用，處理我們所隱藏的遺憾，而不是讓這些遺憾繼續留在潛意識作怪，讓你沒有機會走出下一步。

我這樣說並不是要大家發揮男性自我的魅力，實際上，這樣做毫無魅力可言，也沒有吸引力。所以一開始你必須用意志力採取行動，就像你不想讀書，可是偏偏有考試，你只好硬著頭皮讀，去做就對了！

沒有真正的「女性氣質」，我們就找不到真正的「男性氣質」。在我們找到真正的女性氣質之前，我們只能在和女性的互動中，發現女性氣質的曙光。一旦找到女性氣質，而且願意「歸順」，那麼男性氣質就近在眼前，而且閃耀榮光。何必踏破鐵鞋，驀然回首就看得到燈火之中的男性氣質。

「歸順」女性氣質有好多方法。印度聖者那瑪克里希那的方法，是穿上女人的衣服，與女人同住一段時間；不只是「住」而已，而是「成為」女人。另一個方法就是內在心性的塑造，不能徒有其表，只改造形式敷衍。實踐之後你就能區別什麼是男性氣質，什麼又是

女性氣質，然後你將在行為上與心情上自然而然呈現女性氣質。你建立了某種向女性氣質開放的心性，而不是向人類的女性開放。你永遠不知道這當中會產生什麼，可是你永遠保持開放，任何產生出來的東西你永遠受而喜之。

不過，對於改變中的心情與心性，不必敲鑼打鼓張揚，個人默默存受即可，也不必告訴別人你正在做什麼。

不論你是男人還是女人，向女性氣質順服是一個必經的歷程。

註1：「神聖的影響力」（Divine Influence），一種轉化的力量，讓有限的個人與「神的意志」接通。我們可以在某些上師身上感受到這股力量。

9 你是旋轉木馬裡的扶手，生命會跑過來緊緊抓住你

你必須相信生命，像吃海洛因一樣對生命「上癮」，讓生命全然的把你清理乾淨。總是有太多的「我」——太多的自我——想要霸佔生命、糟蹋生命。放鬆，讓生命有機會帶領你。如果你願意的話，生命將讓你「迷醉」。你是旋轉木馬裡的扶手，生命會跑過來緊緊抓住你，不要害羞，不要躲開。當生命跑過來緊緊抓住你，放鬆自己，把你完全交給它。你只是看到人的臉，還有繽紛的色彩在旋轉，這個令人驚異的寶地，即將提升你，進入神祕而清澄的境域。仔細觀察最齷齪、最卑賤、最令你討厭的人，一個星期至少一次，然後你才知道什麼是同情、溫柔與感動。

你不能用男人的打拚與男性氣質的意志，讓生命糟蹋你、消耗你。我有一個寶貴的經驗，也就是，無法以意志的努力「獲得」這項經驗。我只是「無為」。你知道嗎？車禍意

外中，爛醉如泥的人反而不易受到傷害，因為他們軟綿綿全身鬆弛。當車子開到懸崖邊，他們這樣認為：「還早哩！」一旦車子受到撞擊，他們輕輕彈起，因為他們很放鬆。如果你緊張得要命，可能就要斷手斷腳。所以，冷靜下來，溫柔一點，輕鬆一點，把自己融化，融進生命裡，讓它洗淨你，像柔柔軟軟的香甜微風穿過你。

生命比我們為自己穿上的種種限制更廣大也更偉大，所以你必須不斷與生命談戀愛，否則很容易被自己的特殊環境葬送掉。

你也很容易變成自動機器，早上準時起床，不畏塞車努力工作，甚至進行靈修，但這一切只是被設置的機器人動作，連習慣都稱不上，因為缺少靈魂。你很容易就認為，「靈修工作」——或是任何正在做的事——非常重要，必須努力「奉獻生命」；然而在這同時，你忘了「奉獻生命」的真正意義。然後，你變得比以前更機械化，而且是以不同的形式。

「修行」必須要用你的生命整個投入——但是你必須與生命戀愛，而且你必須聰明、強壯、自信、有能力，簡單說，你必須「活著」。修行不能呆板、缺少熱情、提不起勁、一堆煩惱。把生命奉獻給修行，就是每一天的呼吸、活動都投入修行，而且每一天都充滿修行的熱情。你必須懷著赤子之心，永遠保持「初心」：初學者的心靈，願意相信奇蹟，相信「任何事情都可能在任何時刻發生！」

你很可能在未來進入某種親密關係，也可能有自己的子女（不論你想不想要），這時候你最需用生命的熱情維繫關係。當你對另一個人做出感情深切的允諾（希望也是有意義的允諾），當你們互相約定，以生命做保證，這時你必須充分體認到生命比你密不通風的小房間更寬、更廣、更大。總有一天，你們可能為了某些微不足道的小事互相傷害，互相打擊，或許你會這樣想：「老天，我才四十歲，未來還有三、四十年的災難！」你一定認為你們的關係絕對無法白頭到老。這時候，你最需要的就是這個「初心」，這個純真的態度才能帶動「任何事都可能發生」的信念。你必須記住，不論個人環境發生什麼樣的變化，「生命」本來如此，而且永遠如此。

你永遠有機會進入更廣大、更無限的生命領域，無論你遭遇的打擊多麼令人絕望。但是，跟你的伴侶談戀愛不會讓你走進這個領域，你只能以自己的熱情轟轟烈烈的和生命戀愛，才走得進去。然後你與伴侶的關係才能激情火熱，新鮮甜美。

我曾經聽過亨利・米勒（Henry Miller，美國作家，著名的《北回歸線》因為描述性愛太過露骨，被美國、英國查禁，最後在巴黎出版）的電台專訪。亨利・米勒是我心目中的英雄，當時他已經八十五歲了，因為關節炎而成為跛子，沒有助行器就走不出家門，沒有人攙扶就下不了床。然而，這個男人的聲音就跟他的座右銘一樣：「永遠開朗，永遠保持心情愉快。」他說：「只要你們到了我這個年紀，一定要好好考慮病痛。」說完，他爽朗大笑。實際上他說出的每一句話，裡面都有笑容。

米勒先生甚至沒有辦法用打字機，也幾乎看不見東西（他的一隻眼睛全盲，另一眼半盲），而且全身病痛，晚上難以成眠，然而他還是充滿熱情，「渾身是勁。」他這樣說。

亨利・米勒曾說過：「美國不喜歡我，但是歐洲人愛我，我在美國不受歡迎。」這沒什麼好奇怪的，美國人沒品味，美國人被似乎不存在的問題統治心情與選擇。我們讓環境定義、操弄人際關係。如果得不到想要的東西，吃不到想吃的食物，我們就會很憂鬱或很生氣，甚至虐待別人。所以，你必須對生命充滿熱情才能放大格局，不再小裡小氣。

我經常討論其他的選擇，可是卻常感覺到許多人無動於衷。所以奔放、狂放吧！讓生命充滿熱情！讓生命真實、完整、豐富，也充滿可能性。生命應該很高貴、很高雅——有好、有壞，也有普普通通不好不壞。如果哪一天你遇到災難，那就好好悲傷吧！如果哪一天你「生不如死」，不要急著脫逃，也不要怪罪別人，感覺它、品嚐它，慢慢體會其中冷暖，不必對朋友大發牢騷。如果某一天日子陰暗，那麼沒幾天，日子一定燦爛美麗！這就是初心，而明天，任何事都可能發生。如果二十年後你還有初心，如果二十年後的明天，沒有任何事情發生，有什麼不好呢？有這種態度已然足夠！

如果你沒有跟生命談戀愛，如果你不相信每天充滿奇蹟，而整天找尋「表面的上帝」，找尋所謂的善或好——要很有魅力、很放鬆，也要很容易預測——那麼你將排斥很多東西。相信大部分的人都很成熟，也有豐富的人生經驗，應該知道事物的表象不可靠。「表象」

是非常主觀的，我們不能只看表面，應該深入內在，穿透表象而感受到本質。你不僅有這個能力，而且能夠自然而然做這件事。你只需覺知，覺知正在做的事，信任它，讓這個覺知比你人云亦云的信念與意見更真實；同時也覺知，你的信念其實只是妄念。但是，你常常會忘了保持覺知，特別是在環境影響下，你覺得日子灰暗：「討債的人正在敲門，我該怎麼辦……」你這樣問，然後問題愈來愈多……

保持初心，你就永遠充滿熱情。如果熱情冷卻，這不是因為你的朋友、你的愛人、你的環境，或是你的靈修靜心；你的熱情會死亡是因為你上鉤了，你買下父母、學校老師、整個社會強迫推銷給你的某種態度。買下這個態度以後，你必須像《花花公主》（*Playgirl*）雜誌上的玩伴情郎（如果你是男人），或是像《花花公子》（*Playboy*）雜誌的玩伴女郎（如果你是女人）。你覺得自己必須要酷，要有文化教養，所以你的穿著、你的微笑、你的寵物，都要配合社會潮流。如果你的熱情已死，那是因為你相信你的世界觀、政治觀、意見與信仰等等的表象，就是全部。

為了達到終極的覺醒，達到終極的轉化，你必須擁抱奇蹟——時時刻刻。這個奇蹟本來就在你身上，那就是你的能量，你可以善用它製造機會，並歡迎隨時來到的機會。擁抱並吸引機會，將讓你自由、快樂，充滿希望、充滿熱情，然後你的環境不再無聲無息影響你。

這就是修行的本質，一種默然的啟示，一種突破，而且隨時都可能發生，一輩子發生好幾次！唉，這麼簡單的事情我們竟然忘記！

THE ALCHEMY OF LOVE AND SEX

第二部 性

這一部直接明示人類性活動的本來，
試圖拆除過分的虛偽包裝，
並澄清某些有關性的誤解。

10 性可以是商品，也可以是交流

很明顯，性活動有其本能的層次，目的在生兒育女。在這個層次上我們都是動物，種族必須延續下去，所以一定有性行為。但是除了這個目的之外，當代的性活動已經變成商品，變成非常複雜、非常精緻的商品。在歐美，性不僅僅已經「商品化」，還成為「所有的商品」，因為性到處滲透，任何的商品都難逃「性化」的命運。像孟加拉、柬埔寨這樣的地方，人們有性活動，然而性不是一切；不像我們，性貫穿所有的生活。逃到我們國家的難民，他們一定會看電視，看到電視廣告中西方文化的除臭劑，等同於他們文化中的米糧地位。然而重點不在除臭劑這個商品，而是強烈放送的性吸引力！

讓我們仔細看看這個亂七八糟的世界（我的意思不是罪犯很多的地方，而是真的亂糟糟的人間），住在這裡的人拚命找尋更多更多更多。住在這裡的人有兒童性交，有性虐待與

被虐狂，這些東西可以讓我們忘記身為人類的處境。但是沒這麼簡單！當只有十五秒的性高潮結束，所有的東西你又想起來了。這也就是為什麼性活動在潛意識裡躁動，企圖以更多更多又更多讓我們忘掉人類處境的原因。

在我們所成長的文化中，性愈來愈廉價。看看媒體和廣告，「性」的真正面貌，在媒體誇大的訴求下，徹底被交配的需求所掩蓋；不斷播送的廣告，餵養我們二十四小時，三百六十五天。我們心中有一股擋不住的神經質需求，想要像「玩伴情郎」、「玩伴女郎」，或是像「浪蕩者」（swinger）、「種馬」（stud）一樣交媾。男人的雜誌例如《花花公子》，已經風行多年，但《花花公主》與其他的女性雜誌卻是新興現象——事實上，《花花公主》並非男性雜誌的最大對抗者，最大的對抗者是像《仕女》、《哈波時尚》、《時尚》、《柯夢波丹》這些所謂高格調的「淑女」雜誌。這些雜誌裡的文章鼓吹最不實際也最膚淺的性行為，以及毫無新意的情愛關係。它們不是色情，也不敢有話直說，反而暗中鼓動女人應該愚笨、多愁善感、潑辣、放蕩，或是成為長不大的青澀少女。男人雜誌也用同樣的方式鼓勵男人，有必要的時候應該「硬」起來，可是有時候應該溫柔體貼，最重要的一件事就是什麼都要懂一點，包括女人、性、旅行、車子、投資理財、美酒美食與附庸風雅。今天任何東西都要跟性扯上關聯，這個神經質的趨勢就是要把男人或女人訓練成某個可以消費的模樣。

今天這個時代，性的神聖一面已經蕩然無存。在很久以前，許多文化大國裡——古中國、日本、中東與印度——性是人類所有行為之中最神聖的。那是「結合」（union）的原型，比飲食更高超、比死亡更高超，也比生育更高超。古老的印度經典就描述說，俗世的性行為可能帶來不可思議的昇華。在日本，只有最堅強、最聰明、最有創造力、最有教養的女性，才有資格接受複雜的訓練，成為藝妓。在東方的許多國家，要成為藝妓、交際花，就像在大把的女人粗糠中提煉出一滴精純胚芽油一樣。當然啦！任何時代大部分人對性的看法都很普通，更有粗鄙不堪者，如同當代；但在許多文化大國的傳統中，性有其偉大昇華的一面。

在美國，過去大部分人的成長環境，性還是隱而不宣的。那時候的電視，像〈愛之船〉、〈三人行〉碰觸到性話題的節目，根本看不到，我們就是這樣長大的。在過去的年代裡，大人的婚姻好像「沒有性生活」，他們睡在不同的臥室，而且一大群家人住在同一個屋簷下。如果不是睡在不同的臥房，那麼他們的房間至少有兩張分開的床，而且睡覺之前一定穿上「整齊」的睡袍，只有有經驗的人才知道怎麼一回事！

我們這些小孩就是受到這個俗世文化的影響，基本上，大人對於真正的性很沒有安全感、很迷惑，也很害怕，所以只能以「無性」的態度以身作則。雖然缺乏性教育，也沒有管道獲得正確的性資訊，奇怪的是，我們並沒有誤入歧途，對性發展出奇怪的迷思；我覺

得當時的連環漫畫中的小主角史拉格與南茜（Sluggo and Nancy），可能對兒童提供真實而有價值的「性教育」。由於當時的文化避談性、忌諱性，因此性變得很神祕，我們也都很害怕性。

以我為例，我就覺得性特別神祕，女人或女生離我好遠。我從來沒有用過「女神」這個字，因為我從來沒想過「女」的神。女性不僅遙不可及，也是不能碰的動物——她們是慾念與夢寐的對象，但是不能去接觸，也不能去交談。我們都是這樣長大的——不過也有人學習到，性是毫無價值的廢物，也許是我們的父母曾經討論過性，並以瞧不起的態度暗損鄰居：「她是妓女，很高興她不是我女兒。」性在我們所成長的文化中，從來沒有賦予應有的價值。

我的看法是，性永遠是一種交流。性跟懷孕一樣，有極大的意義——非常深刻、非常虔誠，亦令人狂喜。顯然，這是一個理想（我當然不會期望這樣的態度能夠在我們的修行社區中盛行，但這是一個我必須表明的理想）。性是神聖的行為，而且每一次都要鄭重對待，然而這並不是說你一年只能發生兩次性行為。這跟發生的頻率不相干，無論那是每天發生、一個月一次、兩個月一次，或一年一次，每一次都是神聖的。有覺知的男人或有覺知的女人，都有基本的成熟度與敏銳度達到第三脈輪或更高（如心輪）的層次，能夠以性的能量作為入口，這樣的可能性不應該被抹煞。一個覺知男人與一個覺知女人的結合，永遠都是神聖的；而且毋庸置疑，任何有關性的探索，與任何有關靈性生活的探索一樣，都有其困境與難題要面對。

我們這個時代的性，就像含在嘴裡的棒棒糖，沒有感覺、沒什麼深度，沒有用處也沒有好處。而且高潮也不能怎樣！那只是雷達上的一個小光點，但是對某些人，這樣已經足夠──「感謝上帝，我『爽』到了，現在我可以吸根菸，然後睡覺。」

基本上，沒有覺知的人認為，性只是很好玩……感覺很好，所以只要有機會，應該來這麼一下。唸大學的時候，我認識一群男生，他們住在大樓裡的豪華單身套房，這個出租大樓裡也住著很多空姐。他們告訴我，他們經常舉辦令人瘋狂的「轟趴」，如果空姐喝醉，就乾脆不回房，直接睡在他們的住處。我發現，這些男生與空姐從來沒有發生性關係，他們只是睡在一起，如此而已。實在難以置信！以前我一直覺得，跟女人上床一定要發生什麼事！但是當我稍稍長大，有了更多經驗之後，對這些事又有不同的看法。

很多人，特別是男人，當然也有部分女人，想法跟我以前一樣──我們想速戰速決，立刻獲得性滿足。也許我們曾經覺得，路的遠方有更好的東西，但是等待卻令人不安。「如果我只是跟這個女人睡在一起，一整夜什麼事都沒發生，怎麼回事？我是不是錯過良宵……」好像明天晚上不存在，也沒有後天晚上，沒有大後天……我們總是以非常短暫的方式思考。但是在這個領域，事情不是這樣運作的。在這個領域，要耐心等待，耐心，將比立

即性的滿足收穫更多。性行為的本質與立刻滿足的驅力與誘惑太強大了，使我們不得不趕忙經驗，在這個不幸的心理狀態下，就是迫不及待的猴急。

沒有覺知的男人總認為生育控制是女人家的事，而且，如果事情變得不可收拾，他們隨時可以離開這個關係。沒有覺知的女人一直覺得：「只要我受到保護，那就……隨便啦！」這個沒有覺知的後果只會帶來災禍，只要看看皰疹與性病的流行就知道怎麼回事，這些情況也是一種傳染病、一種瘟疫。這並不是說以前沒有性病，只不過在今天這個時代，性病像瘟疫一樣傳染，因為我們違反「自然律」，而所謂的「自然律」指的是有覺知男人與有覺知女人的神聖結合。

我們是什麼樣的男人、女人，以及如何「清理」我們的行為，思考這整個問題頗為困難，因為大多數人身體上雖然沒有男女濫交，但心態上卻是如此，濫交幾乎主導了兩性關係。只要有長期飯票，女人配合男人賣弄風騷，男人配合女人耍帥調情。這個普遍被我們文化所認可的心態，根本就是病態，比愛滋更危險。

在身體上保持忠誠，並不困難——男人打拚他們的工作，女人玩她們愛玩的東西。這個社會有一個常見的普遍現象，男人工作一整天，晚上回到家，太累了，沒辦法有性生活；而女人被孩子煩了一整天，也提不起「性致」。不用說，他們更沒有時間探索性這個神聖儀式的本質與客觀事實，也沒空思索「因為超越，所以落實」的性哲學，更沒心情具體化或實踐「濕婆」與「夏克蒂」的結合原型……

事實上，我們所做的每一件事都是原型的具體化，包括飲食與呼吸。性是最有力量的原型，是生命中的二元關係（dualistic relationship）。性行為令人肅然起敬，只要打開門，進入「交流」的領域，因為這就是創造的領域。請注意，那不是生殖，而是創造行動的原型。基本上，性的原型就是上帝創造宇宙第一天所做的事情，性就是其中關鍵。因此如果有人這樣問：「我是不是應該立刻找一個男人，或找一個女人，進入關係裡面練習這些事？」那就是弄錯方向，而且錯得離譜，如果我們無法欣賞，無法體會性行為的神聖涵義，找再多男人或女人，根本無濟於事。

識得這個神聖性之後，我們才能以徒弟的身分向身體學習，然後，有關男人與女人的種種疑問，才可能獲得完滿的解答。這是一個偉大而神祕的領域。

男人必須發展出不同的態度面對女人。女人能夠懷孕生子這項事實，真是令人肅然起敬的神祕！那不只是卵巢與子宮而已，生物學的定義局限很大。十六歲的時候，我喜歡把女人稱為「母牛」，一些表姐妹因此對我又踢又叫。但是當我捉到重點，看清真相，才知道整個神祕的宣示是無言的，而且也難以言表。女人就是「達摩」，就是「法」（Dharma，註1）。女人是神的雛形，有很大的心靈能量，男人必須學習如何接通這個能量，用這個能量轉化自己，擴大自己的美與真實生命。

男人並沒有太多的神祕，男人只是「濕婆」。他們就是這個樣子！他們打獵，把獵物帶回來。但是女人就非常神祕，非常超俗。無論男人或女人，我們一定要認識這一點，然後才可能以徒弟的身分向身體學習……否則只是白忙一場。向身體學習，學習「性」的本質就是轉化，而且很容易互相交流，不過必須在某個特定層次上才能交流。

另外，不一定要有伴侶才能從事這種交流，雖然說有時候伴侶可以帶來一些幫助。真正一定要做的就是與自己的男性氣質或女性氣質進行交流，對男人來說，請與自己的女性氣質進行交流；對女人而言，請與自己的男性氣質進行交流，這就是本書隨後經常出現的鍊金術主題。

註1：達摩、法（Dharma），上師所說或所寫的教導，或是靈修的哲學性論議，涵蓋傳統與現代。有時候「法」與真理、終極實相同義。

11 身修是透過身體，不是否定身體

基本上，性本身沒問題。之所以有問題是性變成達到目的的工具，已經脫離它「本來是什麼」的自在。孟加拉的巴霧斯（Bauls）修行者相信，體驗上帝、實現上帝的方法，就是透過身體，而不是否定身體、放棄身體，所以稱之為「身修」（Kaya Sadhana）。這意謂著，我們擁有設備齊全的身體，平白讓它生鏽、萎縮，簡直暴殄天物，浪費！可惜啊，可惜。

不要否定你的性慾，同樣，也不要誇張你的性慾、沉迷於性慾。讓你的性慾自然而然生出反應，不要用人為的方式製造那樣的空間、心情與環境。性慾本身是空的，如果沒有環境因素催動，性慾缺乏自己的規律（雖然我們的內心活動覺得應該有某些規律）。換句話說，當你「熱」起來，不代表你必須撲到離你最近的異性身上（或同性身上，如果那是你的性傾向）……或者，撲向離你最近的一隻鵝。

12 性不是技巧，而是自然的交流

大多數人想到「性」，馬上聯想到交配，而不是「生命」。他們聯想到，在特定的時間做愛做的事，然後特定的身體器官達到高潮。大家都把性愛的格局縮得小之又小。

我從來不跟學生討論特殊的性愛技巧，也不會對道家房中術、佛家的男女雙修，或是印度的譚崔祕術給予特定指導，我只從大方向討論性，原因在於，真正從事性交流的男男女女並不需要指導。如果生命重心放在修行，如果我們想要從種種的執著中解脫，如果生命不再被「求生存的謀求」（strategy of survival）所界定，最高明的性交流將自然而然從關係中流瀉出來。因此，任何的指導都是不必要的。

幾年前，有兩本非常暢銷的話題書，流行好一陣子——一本教人如何運用男性性能量，一本教人如何運用女性性能量。讀過的人都對書上所舉的技巧非常興奮。我們社區就有一名男士，只閱讀女性性能量那本，另一名男士覺得奇怪，問他為什麼不先看男性性能量的書，他的回答是：「閱讀這本書，勝過我對女人的多年研究。」

聽他這麼說，我覺得驚訝，想不到我們輕易就被「技巧」所誘引，而且，無意向生活本身學習。這位男士一定認為，書上的技巧描述真的「代表什麼」，殊不知，技巧代表著冰冷、不真實與腦袋裡的斤斤計較。沒錯，讀完後把書上所傳授的技巧現買現賣，確實可以加強好幾匹馬力，但這根本不是重點。一個男人，如果想讓一堆女人認為他非常夠力，那麼這個男人根本沒有必要閱讀性能量的書籍；如果男人和女人，真的對「性能量」有興趣，那麼關於技巧的描述，根本多此一舉。技巧從來不是什麼能量，頂多是生理層次的「力量」；技巧只會讓你變成「有力量的機器人」，你會非常熟練而有效率的操弄這個力量，而且百分之九十九的人都會對你印象深刻。但是，這跟本書所討論的性愛鍊金術或從性愛中「轉化」的無限可能，一點關係都沒有，而且也不是生命之修的重點。如果你沒有抓到重點，就會把生理的力量誤解為性能量，然後你的經歷與體驗，很容易就會弄錯方向。

呼吸的時候，閉上眼睛的時候，當你把手輕輕放在愛人肩膀的時候，你不必知道哪一條神經受到刺激，哪一塊肌肉在起反應；你不必閱讀《愛經》（*Kama Sutra*）、聖經、金剛經，或是閱讀生物學、性心理學。

很難想像巴霧斯的行者準備進行性行為時，互相對坐，含情脈脈看著對方，慢慢培養心

情……沒這回事！當兩名巴霧斯行者準備好進行性行為時，他們立刻進行，交纏一起，充滿熱情！沒有那些狗屁的「暖身運動」，也沒有某些現代譚崔技巧所主張的，應該保持某種神祕距離。當兩名巴霧斯行者想要擁抱，他們就擁抱；當兩名巴霧斯行者想要愛撫、親吻，他們就愛撫、親吻。當男人進入女人，他們不必內觀自己的每一次呼吸，也不必內觀自己的每一個念頭。統統沒這些東西！

性必須很自然。如果你正在進行譚崔，那必須是自發與自然的譚崔；如果你真的深愛某人，就會自然而然進行譚崔。性就是交媾與高潮這種想法，根本就是自私的態度；如果不自私，就不會先滿足自己，即使潛意識有很強大的驅力，也會自然而然發現親密關係中的譚崔。當然，你也會在朋友關係中發現譚崔。譚崔可以在朋友之間發生效力，如果在朋友關係中不自私，就會自然而然發現這個東西，雖然可能要一段時間。

生命中真正需要的，就是從每一剎那的「求生存的謀求」中跳脫，然後性交流才會是伴侶間真愛的最自然表達。我所謂的「性教育」，就是在本質上處理否認、迷惑、缺乏覺知、執著、畏縮，並重新活起來。如果能夠清除這個領域的妄求，你就不需要性教育。這個加入交流、走出男女之愛迷宮的本質呼喚，完完全全是本能，根本不必訓練。男人與女人是宇宙的兩個極，他們知道迷宮的出路在哪裡。你知道出路在哪裡，只要沒有東西擋住你的旅途，擋住你的覺知。如果有東西擋住，那就是你必須處理的功課。

所以，接受祕傳性愛技巧的訓練，操縱身體系統，就像把馬車放在馬兒前面。其實你真正要做的，只是讓馬動起來，馬車自然也會往前奔跑。覺察自己的意圖遠遠比如何做的技巧重要。性能量在我們的生命裡無所不在，當然也存在於關係裡。書上所描述的技巧完全是「去人性化」，只會把人生變成做生意，把性器官變成工具，把人變成機器或電腦操作員。只有「睡人」（sleeping man，註1）才想利用技巧，可是技巧無法讓睡人覺醒，只會強化習慣，更加昏沉，迷失在無法自拔的睡境當中。這對生命的找尋者非常危險。

我們不必訓練自己，唯一必須要做的是，移除疊床架屋套牢自己的累贅物，恢復我們的存在本質。當我們以實際的行動化繁為簡，而且不再迷惑，就能成為應該成為的敏銳者，只要一感應到召喚，就能與伴侶進行性交流。實際上，我們正在與天地，與整個大自然性交流。沒有任何人，也不是任何的邪靈，把疊床架屋的累贅套牢在我們身上。人類的處境即是人類本來。

人類的處境帶給我們某些挑戰，當我們成功走出挑戰，剩下來的就是純之又純的本性。最初的挑戰，當然就是解決「求生存的謀求」，讓這個謀求不再阻撓我們當下的體驗，不再阻撓當下的生命開顯。其實，大部分人並沒有用「心」跟隨本性。跟隨本性並不是六根在起作用，你不是用看的，看見前面有一塊大路牌，然後才知道該往哪個方向走。

跟隨本性意謂著「當下想要什麼，需要什麼」，這時候你與「天命」、「神意」合而為一。就這麼簡單。

註1：睡人（sleeping man），這個名相常被俄國神祕學家葛吉夫（Gurdjieff）使用，指出缺乏覺知的人類處境，對於自己的生命之修尚未覺醒，也體會不到個體的存在與上帝是無法分開的。

13 美好的高潮不是結束，而是轉彎

大多數人在做愛時總是閉上眼睛，以為真正重要的事發生在兩腿之間。實際上發生在兩腿之間的事情，只是開始而已。生殖器的享受並不是最重要的，譚崔的性愛之道並非要我們在交合時讓生殖器獲得最大滿足。如果你覺得用這樣的方式交合，是某種事情的開始，那就去做，不過你必須牢牢記住，這只是山坡上滾雪球的開始。大多數人都享受過美好的高潮，並認為那是非常刺激的雪崩。如果你是男人，高潮就是隆起來的小山脊，擋住滾落的雪球，不讓雪球愈滾愈大，造成「傷害」。如果你是女人，美好的高潮正是另一個入口。

但是，高潮絕對不是路的盡頭，有時候要轉彎。我們應該衝破盡頭，隨著衝撞力順勢繞道，並粉碎路障，直接滾向懸崖，當你飛越懸崖，馬上會知道，這個境界並不是你的生殖器

正在交配。那是一個「鍊金術」的過程，令存在的每一面向感動不已，也撼動著最細微的分子。

實際上，眼睛裡發生的事情比生殖器更多。但是大多數人寧願閉眼，在做愛時不看對方的眼睛，擔心如果這樣做，生殖器的感覺會被忘記。眼睛會像漩渦一樣，把我們吸進去，吸入很深很深的無底洞，所有的寶藏，所有的發現，所有的可能性，都在這個很深很深的洞穴裡。進入無限的空間，進入無限意識，進入「光」，進入「默然天啟」的境界，這時候絕對不會想起微不足道的「小弟弟」、「小妹妹」，兩腿之間與兩眉之間的感覺，難以相提並論。

14 男人的性在神經中樞

《花花公子》雜誌最近有一篇令人拍案驚奇的全頁特稿。主題是一個男人跟一個女人如何做愛，而且如何做得很漂亮、很高尚、很有力量，甚至做得很有秩序、很和諧。可是當一切結束，男人躺下來，面帶微笑，女人問說（我並沒有直接引用）：「就這樣？」男人說：「什麼？」

她說：「你一直不跟我說話。」

「我們剛剛不是進行一場美麗的溝通嗎？」他說。

女人說：「性不是生命的全部。」

男人說：「可是剛剛的做愛不僅僅只是性而已。我愛你。剛剛的過程很好，非常棒。」

女人繼續說：「你一直不跟我說話！」

於是這個男人說：「我做錯什麼嗎？我花了很多時間，我們做愛超過兩個小時。我對妳

的每一個感覺、每一個想法，都非常配合。我非常負責。」

她回答：「沒錯，但那只是性。」

他說：「性有什麼不對呢？」

對男人而言——即使他非常敏銳、非常體貼、非常配合——兩性關係的神經中樞就是「性」。

作者在文章後面反問，女人什麼時候才能了解，雖然性對女人而言，除了動作之外還有交談，還有安慰，還有情愛……可是對男人而言性就是性？這並不代表男人不愛女人。對男人來說，一個感性的浪漫夜晚、做愛，已經足夠，他不需要交談，不需要重彈老掉牙的甜言蜜語；他也不需要慢慢社交，或慢慢做心理學分析，慢慢從事哲學推論。這些東西，以及觸覺、嗅覺、聽覺、視覺種種感覺，對男人而言，統統壓縮在性愛裡。

這樣說來，當女人批評男人缺少什麼東西，所用的言詞未免太過誇大嗎？當然！那麼其中漏失了什麼嗎？那當然！那麼是什麼？嗯……

是的，男人確實需要分享他們的內在感覺。這篇文章的作者說，當男人達到高潮，就是在分享他內在最深的感覺，除此之外沒什麼好分享的（這樣的課題，隨後我會詳加討論，而且也有完全不同、密度更大的對話）。

當女人說：「讓我們來說說話。」她就是想要細究，想要分析，從各個角度「重新進入」。當男人看起來很挫折的時候，她會含怨嘆息：「你不了解我！」

男人非常了解，問題在於男人的生命與女人的大不相同。男人透過感官與感覺的溝通，呈現內在的靈魂……而且，他說完成了，就是完成了。

15 沉醉、性實驗和性交流三階段

性的發生有三大階段——沉醉、性實驗、譚崔之道（或性交流）。

在第一個階段裡，兩人碰在一起，互相愛慕，成為朋友，發展穩定而溫和的關係，充滿紳士和淑女風度，互相關心，互相服務。就這樣，整個過程的時間可長可短。他們互喜對方，深深陶醉，而且身體上和情緒上也不會冒犯對方，情義相挺，場氣相投。一切都很單純，只要能夠「在一起」就好。

只有性不能發展愛，但是性的交流卻可以誘發愛，同時也能開花結果化成愛。沉醉在愛的人，喚醒了性的驅力。你不可能只是含情脈脈看著某人——「老天爺，我戀愛了！」——然後永遠如此。你含情脈脈看著某人，你沉醉於愛的甜甜蜜蜜……性發生了，然後開啟正面的循環，愛更加滋長。

第二個階段是性的實驗。在這個階段裡，你對關係做出承諾，你們終於表明彼此互愛。雖然這時候第一階段的沉醉還沒有完全消退，但是感情卻逐漸深化，盲目的投入與不切實際的浪漫情懷，逐漸轉為務實。你們降落下來，站在土地上，互相承諾。性的發生還是跟以前一樣，或是比以前少一點，不過仍然相當美好，也令人滿足，雖然沒有百分百完美，但這樣就夠了。

在第二個階段，你的幻想已經沒有用武之地，荒誕古怪的白日夢不再出現，你更不會把幻想化為實際行動，也不想討論它們。有件事可能很糟糕，那就是你們之間不再有祕密。所以，分享你的心靈，但是，不要分享你的心情，心情可能是心事，是頭腦胡思亂想出來的一堆垃圾！裸露你的靈魂，但是，千萬不要裸露你的愚蠢。「今天，我要向你坦白。你知道嗎？我真的非常愛你。你知道嗎？有時候我們做愛，請不要誤會，就是我們做愛的時候，有時候我會幻想……你是阿湯哥……」請不要做這種事，因為這是狗屎、垃圾！你的心情與心事是一塘臭水池。裸露你的靈魂，打開你的「生命」，分享心靈，緊緊抱在一起，但是一定要讓頭腦——讓頭腦製造的心事閉嘴。

在第二階段的時候，你不一定會在愛人面前表現出抗拒與壓抑，可是你卻有機會從人類的有限處境中解放出來。也許，你們考慮以不同的方式同時達到高潮。你們確實認真考慮，用不同的方式接近能量，而且對於性有完全不同的看法——也許你們的觀點是以「接近

至高無上的性」取代「性的至高無上快感」。

性的實驗階段，你們做愛的時間可能比以前更長，也可能更短。有時候四十五分鐘最完美，有時候四十五分鐘還意猶未盡，因為你可能在十分鐘內立刻得到身體滿足，但是在性的過程中仍有更深滿足的可能性。有時候兩個小時剛剛好……有時候五個小時！不過這不常發生，只能說可遇不可求。

有些人喜愛性運動，每一次非三小時不能過癮。道家的經典提到，做愛應該保持三至四小時的時間，而且學習的技巧愈高明，一次可以做一整天，甚至好幾天。但是，這不是重點，這是自我——一個頭腦裡的概念，覺得你應該維持多久；自我，也是你俗世生活的原動力——朝向成功、名望、權力，獲得更多——自我在這一方面擁有更大的力量，推動你不斷追求。最後，你認為追求到想要的東西，因為你覺得從性裡面所獲得的意義比其他東西還多，但實際上這不是你真想要的。

如果你能夠投入，時間的規定是不必要的。你的投入將使你非常專心，一直到覺得兩人已經達到某個點，這時候再繼續下去變得冗長又多餘。這個多餘的感覺已經不是心情，因此可能把你弄得有點糊塗，其實，知識上你們可能不明白性能量的道理，但是身體上已經知道順從能量之流，沒有必要畫蛇添足。在性的領域裡，雖然很想繼續，但是又覺得多餘，這件事確實令人困惑。所以，你必須保持敏銳，而這跟能量有關係。

當你「擊中好球」，你知道那將是一隻漂亮安打，這時可能有個很小的聲音說：「對了！這樣沒錯，我做到了！」相當棒、相當好的狀態。但是不想在該停的地方停，你想從美好的經驗中榨取更多，因為你不敢保證下次有機會達到這個點。這時候你需要來個自我提醒：「完美！應該見好就收。」你必須非常、非常敏銳。

在這個性實驗的第二階段，你們可能以不同的方式做愛，並從以往的要求與預期中解放出來，清除許多性活動的障礙。許多人認為，這些東西在第一階段已經完成，但是經驗告訴我，第一階段依然留存著一些禁忌——因為害怕會「搞亂穩定的狀況」。我見過許多自命不凡的男子漢，他們的臉色蒼白如死人，因為女人對他說：「打我屁股！」

第二階段的關係非常穩固——你們知道彼此互愛，所以不擔心說錯話、做錯事，也不擔心關係因此而遭到破壞。你也不會擔心她整天黏著你的耳朵說：「我要分手。」如果你犯錯，那就是犯錯，還能怎樣？她只會輕描淡寫說：「這不是我的風格。」然後你說，好吧！你們還是朋友。所以，在第二階段清除障礙，獲得完全自由的性動力，安頓好個人的性喜好——健康的性嗜好，並藉此支持你們的實驗，朝神性發展。

第二階段的你們非常成熟，也誠實相對，不健康的性喜好完全被清除，因為不健康的性喜好不是性喜好，而是神經質的依賴。在第二階段，你們清理雜物與廢物，誠實的陽光照進陰暗角落，把濕地曬乾，淨化神經質的傾向與錯亂。透過清理與不斷的練習，你們將超

越自己的神經質依賴。

第三個階段是譚崔之道，是一種新生、交換能量的性，也就是性交流。你們「保存高潮」，性不再是高潮經驗的追求，而是達到「心—身—存在」（Mind-Body-Being）的境界。這並非意謂你們在第一、二階段沒有做這樣的努力，而是說，在第三階段裡，這個交流變成自然而然一齊努力的生命練習，已經不需經過頭腦的考慮與指揮。

大多數人的性是消耗能量的，用高潮釋放精神緊張，可是如此一來，平常修行所累積的張力反而平白浪費掉了。互相交流的性才是有能量、充滿各種可能的性，可以從性亢奮的張力中得到非常大、非常有價值的「突破」；也就是說，可以利用「張力」作為燃料，而不是把它釋放掉。應該很 high 的進入性，然後更 high 的離開性——而不是很 low 進入性更 low 離開性，而且離開時很虛脫。

如果是消耗能量，互相交流的性可能變得毫無價值。就像補充營養的健康食品，偶爾吃一吃不錯，但是期望健康食品幫你排毒，清理身體，那根本就是緣木求魚，特別是如果你完全沒有改變生活習慣，繼續抽菸喝酒，吃下種種有毒食物。生命本身就是一種交流，而且不斷新生。你應該用身心靈，用整個的能量，高唱讚歌，而且隨時隨地讚美神的奧祕。如果你能夠高唱讚歌，享受生命，快快樂樂跟大家一起，運動、節制飲食，性就是一種新生的交流。如果你以「譚崔」為藉口趁機從事性活動，那麼，你的生命就是在消耗能量，什麼事也不會發生——你只是性活動很多，如此而已，可是對生命有幫助的事情不會發生。

性不應該被利用，成為掌控別人的工具，「現在我只擁有你一點點，但是當我們倆嘿咻之後，我將擁有你更多。」這是極度不成熟的想法。性應該是兩個人完整生命結合的表達，不是「繩套」——就像傳統喜劇中的滑稽畫面，對老公很不爽的女人，把臥室的門用力一關、反鎖，開始「性罷工」。從女人的觀點看，她贏了，但實際上那是利用女神（Goddess，註1）的祝禱，這是心胸狹小的自我意圖。利用性討價還價是一種褻瀆，不是好或不好的問題，那只是表現出我們的不成熟。性與完整有關，而不是兩人之間的契約。

註1：女神（Goddess），彰顯，創造，神的女性面或非人格的陰性。有時候指的是特定的女性神祇。

16 如何管理性能量

一名學生最近問我如何保存性能量：「我不知道該怎麼辦！覺得人快瘋了，嘴裡冒泡。」他開玩笑說。

是的，處理性能量有非常多的方法。最容易做的就是，把能量存在身體，很快你就感覺到，自己像拳王阿里（Muhammed Ali）。這樣沒什麼不好，你覺得很棒——充滿活力，或者比充滿活力更勝一籌，總之，你開始覺得「精力充沛」，然後像那名學生講的「嘴裡冒泡」。

當然，數量很多的性就無法保存能量，但是卻能立刻釋放壓力。有四件事與強大的性能量有關——其中我推薦兩件事，另兩件則不推薦。我所推薦的兩件事就是：努力工作或從事藝術活動，專心做其中一件事都很好。另外我不推薦的，一是負面行為——發牢騷、爭執、打架（任何精神和語言暴力將破壞好不容易建構起來的性能量，或是使性能量無法積存），另外一個就是，提升能量，把能量從身體移往更高層的「脈輪」（chakra，註1）。如果你選擇提升能量，必須接受訓練，做很多形上功課，才能讓身體接通更高層的脈輪系統。我個人之所以不推薦這個選擇，乃是因為如果心靈決定讓能量打通身體的某些地方，與更高的能量建立關係，這種作法，我認為跟用心理上的「自我」（ego）來界定自己的生命，沒什麼兩樣；也就是說，都是一種「有為」，不夠自然（當然，這至少比暴力好，但是卻沒有努力工作或保持身體平衡那麼好）。

我個人的能量保存經驗，就是如果性生活非常活躍，但是卻缺乏令人滿足的快感或高潮，那倒不如努力工作或努力成為藝術家，否則，你必須忍受自己的不舒服。性能量的轉化是一種超越時間、進入時間的歷程，所以我建議你們以健康的方式紓解。只要保持平衡就好，不必特別持戒苦行。

創造力與專心工作是管理性能量的最佳方法。在花園勞動一天，效果令人驚奇。我不會騎馬，但是我想在馬背上騎上兩小時應該也很有效果。與其他的生物（人類除外）互動溝通，也是平衡能量的好方法。總而言之，最好不要以人為的方式維持能量平衡或釋放能量，身體會有動靜自然的本能，只要你有一顆敏銳的心。一段時間之後，神經系統自然而然能夠保持快速的充電狀態；一段時間之後，你就能建立自己的能量之流，奔騰不息，成就所謂的轉化。

註1：chakra，能量累積的穴位或部位，也是身體細微能量所集中之處。不同的修鍊法門，如印度瑜伽或中國道家，對不同的能量集中點，有不同的觀點與不同的指點，例如三輪九脈、奇經八脈、一二八條大脈。

17 做愛，是把愛表達出來

「做愛」不只是性，而是任何可能。有的人與烹調美食做愛，有的人與汽車的引擎維修做愛。做愛不僅僅發生在某個領域。

基本上，人是在很意外的狀況下掉進做愛——突然間你碰巧撞見全然的可能性，把你的愛「做」出來。話說回來，只要我們的心靈無法變通，總是那麼固著和僵化，就不可能有做愛這回事。如果男人一直這樣想，「多久才能做一次？」、「我要撐多久，才能讓女人高潮？」、「我要好好表現，不然她不會愛我！」那麼，所有的可能性將不見蹤影；如果女人也一直有類似的想法，所有的可能性也將不見蹤影。不管男人或女人，只要頭腦為類似的問題忙個不停，「做愛」就不可能出現。當然，也可能會做出非常火熱的激情，但是這不一定是做愛。所以，不要用激情的程度辨認是不是做愛，因為我們可能特別激烈、特

別火熱，但依然不是做愛，因為真正的做愛可能不激烈也不火熱。

你可能在廚房做愛：專心切菜。這並不是說你心情愉快，扭腰擺臀，菜刀輕快俐落，而且快樂哼歌；而是你可能非常平靜，看到你的人可能會這樣想：「這個切紅蘿蔔的人好安靜，好單純。」你的身體不必有誇張的表演，但是，我所謂的「做愛」盡在其中矣！你不必故意吸引別人，別人也不會特別注意你。

18 性幻想
要不專心也不分心

在整個性的過程中，阻止幻想（如果有的話）是沒必要的。處理幻想的方法最好是，不要企圖鎮壓，也不要覺得很幸福，糊裡糊塗被牽走。我們第一件要做的事，就是承認幻想是真的，確實浮了出來。這是關鍵——真正看出幻想有自己的真實性，而且在意識到時沒有感情用事，隨幻想起舞或輕視幻想。

如果你接受並承認幻想的真實性，幻想才能呈現本來的面貌，也就是說，幻想只是幻想。在這種情況下，透過行動把幻想表現出來顯然多此一舉，因為對頭腦的認知系統（很容易被愚弄，甚至被自己所騙）來說，事情已經發生過，而且成為歷史。在非二元對待（non-dualistic）的境地中，絕不會有這種想法：「如果怎樣怎樣……不知又會怎樣怎樣。」二元對待是一種「相對」的境界，但是在非二元對待的不二境界中，我們的認識是「絕

對」的，沒有所謂的「未知」、「已知」，我們所知的都是「已知」，而已知都是「真知」——但真知同時也是「幻知」（illusion），已知也是「未知」。因此，事物是什麼就是什麼，不能多也不能少。所以，上述的「如果」假設性想法只是投射，從「絕對」中落入「相對」，也從「已知」落入「未知」，因而惹來一堆麻煩。

生命是性、金錢、飲食、呼吸、自我、情緒。生命是輪迴。生命不能遠離「我們是誰」的存在而彰顯；生命不是退出奧祕、難以捉摸的領域，而是進入這個領域。不會有人早上起來，睜開眼睛，看著鏡子，撒一泡尿之後突然認真起來，想到自己並不存在於這裡，這種情形在臨床上會被診斷為瘋子。

我們最後都將面對「本來如此」的生命，而且必須與它直接照面。事情總是有適當的，也有不適當的（不適當的事情經常由身體、心理、情緒虐待所引起），因此我們的任務就是不要阻止幻想，不要與真實分離，不要停留在遮蔽我們雙眼的烏雲下，這樣才能穿越妄執與否認的重重迷霧。所以，如果你對伴侶的性幻想是「不要在這裡，我希望到別的地方做。」你就必須面對，並好好處理你的幻想，因為這是一種被烏雲擋住的盲執。

承認幻想是另一種不同的真實，不要強迫它進入我們的真實，也不要把它投射到我們的真實，這樣做反而引起許多問題。這也就是為什麼很多人無法從糾纏不休的麻煩脫身，也不能從無能與痛苦的妄境中解脫。

＊　＊　＊

當你愛上某人，其他的異性還是會吸引你，引起你的注意，但是並不會對你們的關係造成干擾，會干擾是因為你太沉迷，沉迷到突然間，你開始幻想，開始挑剔伴侶的毛病，也開始想像與別人上床的模樣……然後你們的關係開始破裂。如果幻想只是「意識流」，倏來倏去，不會引起你的注意，這樣的話什麼事也不會發生，因為你沒有被幻想牽走。可是當你注意幻想，進入幻想，就很容易被勾引；當你把注意力與能量放在幻想，就會分心，因為專心幻想而分心。如果你不再專心，就不會分心，也不會幻想。

所以，當你注意到自己的性幻想對象是別人，而不是伴侶，趕快把心思收回來，放在伴侶身上。經常做這種練習，你的能力就會逐漸強化，不再分心，不再被勾引。工作的時候，把注意力放在工作；求愛的時候，把注意力放在求愛，不論當下做什麼，把注意力放在上面。這是非常簡單、非常基本的技巧，專心而不分心才是有效的注意力，有效的注意力會產生力量，這些力量將成為你的資源，成為你的「食物」與能量。

問題不在於如何壓制分心，而是如何從分心中回神。專心的時候你有兩個選擇：「開」或「關」。如果你選擇「開」，專心於吸引你的東西，那麼你將分心、被勾引；如果你選擇「關」，拒絕吸引你的東西，那麼，吸引你的東西還是發揮作用所以才能讓你拒絕，而

你沒有躲掉，也昇華不了，你只是專心於其他東西而已。這就是「開」與「關」之間的區別。

有專心必有分心，有分心才能專心，這是二元對待境界的特性，也是認知心的運作機制，只不過我們無法隨時掌握自己是專心還是分心。這也就是什麼「修行」無法在一夜之間就見到成效的緣故，這也就是為什麼十年之後我們的進展……才那麼小小的一步，或是原地踏步。

19 性能量是內在的，沒有伴侶也能「用」

少了愛人，還可能有真正的親密關係嗎？

看看朋友、孩子、家庭之間的親密關係，這當中沒有性遊戲與性活動，但是在這樣的關係裡不代表你沒有性能量，只不過在這些關係裡不會發展出對愛人、配偶的反應。如果你成為別人的好朋友，這代表著你很成熟，有本事管理性能量，或許，你已經準備好利用這股性能量，在有所限制的愛人關係中開始啟用鍊金術轉化自己。如果你覺得力有未逮，那麼，在開始運用神祕的性能量之前，你應該先「積蓄」（慢慢成熟，具備成人的價值觀與倫理），同時準備好過著沒有愛人的生活，一直到你能用成熟、正確的態度「服務」愛人。

性慾高漲沒有太多建設性，只會令人情緒緊繃，這時，如果你冒然跳入親密關係，更高的目標將雲消霧散。你很可能「迫不及待」，但是，你必須等待，更高層次的鍊金術才可

能發生。「服務」關係可是生命中的大工程，草率不得。

隨時開放自己，不要時時刻刻防衛自己，當「愛意」來臨，你才不會用平常束縛自己的態度束縛新關係。

在我們的社區裡，如果某人離開海誓山盟的關係，他的靈修還是會跟以前一樣——研讀、打坐、運動、吃素……較低脈輪與較高脈輪的淨化、母神能量（prana/shakti，氣或夏克蒂）的加持，也還是一樣；也就是說，生命的轉化提升並沒有差別待遇，因為最重要的是「內」不是「外」。

利用性能量轉化的更高層修鍊，與呼吸有很大的關係，練習時離不開進出體內的氣與肌肉張弛，也與生命的能量之「氣」（prana）脫離不了關係。因此整個大原則在於，性能量是「內在」的，沒有伴侶，內在也有性能量可用；有伴侶，利用的也是內在的性能量，差別只在於，你可以學習利用外在的接觸，助燃內在能量。

雖然我還會在本書的隨後章節補充上面的概念，但基本上我對性能量運用的詳實說明，還是心存猶豫，因為實際的功夫修鍊必須針對個人特質而因材施教，因人而異的開示與傳授必須經由人際的直接互動，找到切入點後才能給予適切的指導。就此而言，有志者應該追隨場氣相合的老師或上師修習，書上所傳授的技巧，參考參考就好，不可能適合每一個人。

20 性也要超越，達到「突然自我不見了」

所有的鍊金術都有激發性，因此，我們害怕「性」這個領域任何新元素帶來的影響，害怕做出以前從未做過的事（不是為了達到高潮的稀奇古怪姿勢或危險姿勢）。在某些確定的習慣類型裡我們覺得比較安心，所以不讓其他的選擇出現。

新元素之所以令人害怕，因為它是未知的。在性關係裡我們希望任何事都是已知，女人需要的是愛情與溫柔，男人需要的是支配與地位，這一切已經被定義好了。舉例來說，有些男人特別容易被滿足（直到下一次），只要獲得高潮或女人百依百順；有些女人聽到「我愛你」就心花怒放，不在乎性關係多麼醜陋、多麼暴力，只要男人說出她想聽的話。因此，如果個人的性只是以簡單的滿足為目標，那麼他將徹底排斥、抗拒性交流的領域。進入性交流的領域並感受性活動的全然力量，對某些人來說，那是深不可測的無底洞，可

能回不來，所以一感覺有新元素便有所顧慮。因此，這樣的人即使一天做四次，依然不允許自己跨越某個點。

在修為的層次上，新元素可以重新界定你的本來，把性的種種可能帶入本來的領域裡。就統計學而言，性活動之中的新元素，比和其他人分享漢堡，更可能也更有機會發生。「面壁」正是讓新元素更有機會發生的時機。當你有很多選擇的時候，沒有什麼事會發生——你完成一天的靈修，然後出去透透氣，與別人閒聊一番。在這種情況下，很少會有新元素產生。可是面壁時，面對自己與自己的抗拒時，你沒有其他的選擇，就會產生新元素。

對大多數人而言，沒有能力進入「可能性的領域」（domain of possibility），是因為他們界定這個領域，但是可能性的領域無法被界定。

性關係必須被安置在可能性的領域裡。讓性留在愛的國度內，這樣很好，但必須「性是性，愛是愛」，兩者可以一起出現，但是它們並不一樣。基本上，性是能量的運作，愛不是；愛超越能量的運作，愛轉化能量，愛是能量的鍊金。所以，性不是愛，我們不能把兩者混為一談。性是愛的美好元素之一，但性本身不是愛。平凡的人類之愛一定會呈現出自我，但是「性」（sex）的定義應該是，「突然間自我不見了」（S*E*X=Suddenly Ego EXits）；平凡的人類之愛一定有主體、客體，可是「突然間自我不見了」沒有主體也沒有客體，這才是「真正的性」。

當你從可能的領域進入性，能量運作的責任就交給能量本身，能量有其天生自然的智慧，你的身體知道該怎麼做！

在性的可能領域中，能量互動有它無為自然的運作本色。能量絕不會以強凌弱，過度壓制別人——絕對不會是毀滅伴侶的鍊金術。能量有自己的智慧，在性之中讓能量做它自己，如果我們自以為是，認為能量應該怎樣怎樣，那就是一種「企圖」，反而落入有所界定的限制中。你說：「我要創新，但是要像這樣、像那樣……」如果你安住在可能性的領域裡，能量本身就是引導的智慧——不是自我、不是執著、不是心理情結，也不是男人、女人的關係，更非享樂。能量會自行界定應該發生什麼事。

當能量界定應該發生什麼事，所有的限制統統被吹倒。「這是不是代表著，我可以獲得五十次高潮，而不是只有三次……」、「是不是會有更大的快感，這些我以前都不知道……」任何的界定都將限制新元素的可能性。你無法界定，你只能從可能性的領域進入性，而結果將具有很大的「威脅性」——應該說是「威力」。

舉例來說，在關係中，佔有、排斥、嫉妒是常見現象。但是在可能性的領域裡，將對上述有所限制的現象造成「威脅」，性成為覺知（可能性的領域）狀態的刺激，因此他（或她）的伴侶再也沒有辦法從相同的立足點進入性。以前那個有所限制的性再也無法發生，因為可能領域的「威脅」（或威力）太大了。

如果男人在性行為時進入可能的領域裡，並不意謂他會用全新的眼光看待每一個女人，而是說，他第一次成為真正的伴侶，讓女人知道、感受到什麼叫「愛慕」（adoration），那是內心真切感受的愛慕（第六十三個祕密），而不是嘴巴說說：「我愛你，我愛你。」

新元素代表著任何事情，可能代表突然闖入張力十足的性領域，結果卻無法從事性活動，於是，性不再令人舒服，這不是因為心理偏差或病態的關係（如果有人說：「我不想要性，因為我必須在上帝面前保持純潔。」這才是心理偏差的神經之論），但是，他或她的伴侶怎麼辦？還用問，當然是沒有性。成為伴侶，立過誓要一起進入神性，但如果起了色心，情慾大動，該怎麼辦？——提升層次，注意的焦點不再放在性，而是超越性，不再把性看成是身體解脫的唯一方式。這樣的做法就像聖母阿南達馬玉（Anandamayi Ma，孟加拉人，1896-1981）的丈夫成為她的奉獻者。阿南達馬玉是一名無師自通、自證自了的奇女子，十三歲就結婚，據說只要丈夫想到性她就身體扭曲、昏厥；如果丈夫碰觸她的部位不對勁，就會遭到電擊，因此他們只有夫妻之名，最後丈夫奉她為上師。他們所給予的不是性，而是「愛慕」；他們所接收的也不是性，而是「愛慕」。在可能性的領域裡，任何事都會發生。

當一個人想到性的時候，他就會覺得，性是唯一的解決方法。這不是真的，實際上有很多方式可以讓身體達到平衡點，只不過我們沒有接受訓練，不知道如何運用能量。我們所受的訓練只是滿足欲望，並達到滿足點——當肚子覺得想要什麼，我們就吃下很多東西填滿它；當生殖器覺得想要什麼，我們就發生性行為；當頭腦想要什麼，我們就去做——而不是轉變欲望，在不同的領域裡獲得滿足。當然，如果性慾望轉變成講究美食，恐怕短時間內，體重就會破百！

如果你壓抑性的可能領域，那麼你就會壓抑更多東西。如果你沒有壓抑性的可能領域，那麼，「自我」就會失去很多東西。所以，某些很大的犧牲是非常可能的。

通常，新元素的震撼力十足，可能把我們震成碎片。也許，我們的家庭生活有很多事情習而不察，但是新元素出現了，很多東西都震成碎片。現在問題來了，我們是把碎片撿起來，讓新元素成為生活的根據地，重新出發？或是把碎片撿起來，拼湊舊的模式？

我會說，成為碎片沒什麼好害怕的！但延續舊模式是不可行的，除非已經融入新元素。

第三部 

這一部的許多祕密，深入探討一般或傳統定義的愛，並提出解釋，說明為什麼這種愛不恰當，甚至有害。作者特別描述另外一種「覺知之愛」，並開示如何讓覺知之愛在關係中成長。這一部可視為譚崔修鍊的引介。

21 愛情必須從友情開始

如果你跟某人不是朋友，那就不該跟他成為情侶。每次只要親密的關係破裂，包括友誼，我就覺得特別難過，因為好朋友比好情人更難尋。我不想要不是朋友的情人，如果你夠聰明，也會跟我一樣。愛情是從化學作用開始的，如果愛情能夠持久，而且你也夠幸運，那就會進入「心」。你可以管理化學作用，但是沒辦法管理心，友情跟心有關——真正的友情從開始到結束，一直跟心有關係。

你一定聽過這個諺語：「老朋友是金，新朋友是銀。」但是人總有一個傾向，把友情視為理所當然，因此新朋友一出現，很容易就忘了老友的價值。

友情沒有獨佔的問題。你可以同時跟二十個人成為好朋友，即使你特別喜歡某某人，但其他人還是朋友。把自己獻給朋友，就像對生命的奉獻，這才是真正的友情——獻給生命。也許你讓朋友失望，他因此不想見你，但這是他的問題，一點也無損於你們的友情。

兩性之間，我們以異性相吸為例。有時候我們會說當眼睛交會時，很確定對方就是「靈魂伴侶」，好像有某種「業」的牽扯；但是基本上，一個男人與一個女人要發展出真正的愛情，成為伴侶，需要經過一段時間，從友情開始，逐漸互相注意……

我們對某個人的最初反應，可能只是需求系統的運作，或是短暫的化學作用。如果我們成為朋友，而不是同事、生意上的夥伴，那麼一定有很多東西從中滋長。

友情永遠是開始的好地方。

22「我愛你」不是口頭禪，是一種讚嘆

當各位讀完本書時，大多數人一定看得出我對「愛」這個字很不欣賞、很有意見。我盡量用意義更為深遠的同義字——生命、實相、真理、苦難——但是我認為，這跟我想呈現的深意仍有段距離。我不喜歡用「愛」這個字，非常非常不喜歡，因為那是潛意識的心理機轉，而且隔著一層面紗，很容易被意識誤解。

請聽，「我愛你」早已泛濫成災；請反問自己，「我愛你」僅僅是口頭禪，還是真的在讚嘆關係？這三個字有沒有釋放出榮耀行為的味道？我說的不僅是愛人之間，還包括親子、友人、長輩、晚輩。有多少父母光說不練，對孩子滿口「我愛你」，可是卻沒有榮耀、讚嘆彼此關係的感覺。更恐怖的是，同樣的這些孩子被責打、被性騷擾、被忽視或被羞辱，卻必須對大人說：「我愛你。」任何完整、健康、美麗的生命，一定要真心誠意讚

嘆關係。

你們可能有分居或離婚的朋友，他們的關係是不完整的，雖然他們常常對自己的孩子說「我愛你」，可是一遇到對上眼的異性，馬上是約會優先，小孩第二；把孩子單獨留在家裡或請來褓姆，然後這樣自我解釋：「以後再好好補償孩子，這麼好的機會我不得不離開。」

如果你的約會對象也贊成你這麼做，他或她大概也不是一個好對象。

在西方世界，「我愛你」一天要被人從嘴巴吐出千百億次，可是大多數的人都沒有想過，語言之後有多少誠意的讚嘆？彼此的關係又是否更加完整？人至少應該這樣想：「我很膚淺，很自我中心，但是，我希望有能力做某種犧牲，讓我與別人的關係更有深度、更完整，也更值得讚嘆。」

我個人的生命過程裡，就花了好長的時間才開始懂得讚嘆。這正是我們未來的方向，再多的規定也無法取代出自內心的讚嘆。

23 交流不是互綁的兩人世界

我認識一對情侶，無論走到哪，都習慣成雙成對，即使上個廁所暫時分開，他們都無法忍受！那是一個一天二十四小時，一個禮拜七天，一個月三十一天的熱戀。如果她有約會或訪問，他會跟著她；如果他有約會或面談，她也要陪他。他們的關係是強迫性的關係，大家都看得很清楚，唯獨他們看不見。他們用黏在一起的方式表達愛，也很享受對方的陪伴，只不過這樣的關係很黑暗，很迫害。

在真正健康的關係之中，相處的品質和對對方的尊重，永遠是最高原則。如果你們的關係相當劣質，就算整個星期每一晚都在一起，一個月做愛七十五次，劣質的關係還是不會改變多少。你們的關係將繼續走向沉沒與毀滅，不是自我虐待就是虐待別人，這將是你們的地獄（也可能是天堂，完全依個人的心理狀態而定）。

如果你們的關係很有品質，而且在一起的時候非常享受對方的陪伴，相處時間對你們而言便不是最重要的。如果你們一個星期只有一個晚上能在一起，這一晚將是完美的夜晚。

理論上，聚在一起並不是互相綁住，而是獲得自由。在婚姻之中、友情之中、社區之中，也包括工作之中，你依然是你自己，一個獨立的個體，能夠過自己的生活，否則，你就是被捆綁。如果你不讓你的情人、配偶，不讓你的老闆或員工，也不讓你的朋友有足夠空間成為他們自己——你就不懂什麼是真正的關係。關係與自由、熱情、相處時的愉快有關，而不是製造對抗的小圈圈，也不應該操控別人。

要讓對方自由並不容易，因為喜歡上某人，就會希望常常跟他在一起，希望控制整個狀況。但是刻意讓對方自由，表現出寬宏大量，卻不夠自然，對於繼續發展中的關係，無法奠立良好基礎。

當交流成為生命中的心境，你願意用個人的時間與伴侶在一起，但這不是隔絕的二人世界。你們是伴侶，互相吸引，互相交流，當你們正在交流，雖然形式上是兩人世界，但卻不是孤絕的世界。

只要你的伴侶或你的朋友願意，跟他們在一起；當他們不能和你在一起，你可以選擇一個人悲傷或一個人快樂。如果你的愛情或友情是這樣自然的交流，你沒有理由不快樂！

24 讓男人以他們的方式削馬鈴薯吧！

如果你為別人的生命提供喜樂，提供生命熱力，那麼，他們的喜樂與生命熱力就會再感染別人。如果人與人之間有良好的關係，那麼與任何事的關係都會很好，包括與整個宇宙的關係；這時我們會非常放鬆、非常舒坦，溝通無礙，而且很開朗、很關懷，也很有智慧，充滿好奇。

如果某人「頭長在屁股上」，不了解自己的生命意義，也不知道人生目的，幫助他們的方法不是把頭從屁股移到肚子上，而是要把頭放回脖子上，他們才能夠開始思考「我是誰？」思考生命的可能性，開始和生命進行交流。這不是強人所難，而是讓「神性」變得更明顯。

所以，所謂的「支持」是幫助對方了解他的真實存在，幫助他看到自己的真實本質，而不讓他耽溺於自己的想法和習性。感受到真正支持的人，總是才華洋溢、有能力、靠得

住、光明磊落，而且做起事來專心投入。

＊　＊　＊

很多人自認為有本領取悅男人或取悅女人——如果性行為不行，那至少社交上有辦法。但你真的知道如何取悅男人或女人嗎？——在對方身邊並且給對方空間。

如果有人喜歡你，他或她會把自己的「存在」向你敞開；如果某人欣賞你，願意陪伴你，他或她會在你需要的時候出現。所以，也請在對方需要的時候出現，並同時給對方空間。

如何給對方空間呢？有個方法，就是不打擾、不強制，也不支配。女士們，請注意，有男人在廚房削馬鈴薯不小心削斷手嗎？很少吧！頂多刮到手指。讓男人以他們的方式削馬鈴薯吧！這對妳有什麼妨礙呢？不必在旁邊要求、指導他們該怎麼做。

男人也一樣。有太多女人見到自己朋友的高興程度，遠遠超過看見你下班走入家門，不是嗎？你知道我說的是什麼，女人跟她的一群女性朋友吱吱喳喳閒聊，而你單獨坐在一邊，內心有火：「她從來沒對我這麼好過。」

為什麼你認為她沒對你那麼好？因為你沒有在她需要的時候出現，沒有給她空間。

男人和女人可以用上述的方式去思考何謂「女性的感受力」，本質就是支持、育養、滋潤、感受和關懷。如果你是男人，在家裡看見女人正在做事，而你知道用什麼方式可以做得更好，這時候，請緊緊閉住嘴巴。事情一定會完成，讓她用自己喜歡的方式。雖然，有時候做到這種地步並不容易，但起碼這是一個新的開始。不要坐在駕駛座旁邊指指點點，有時候也要讓女人開車，你只要坐在旁邊，閉緊嘴巴。這是一個很好的練習，允許另一個人用自己的方式做事情。

25 吵架時怎麼辦？耐心等待時機

當關係出現狀況，不要認為自己是什麼人物——因為你不是；也不要認為你「有能力處理」——因為你沒有。你有能力處理的，都是以前處理過的，而且，那是因為你很幸運或受到祝福。沒有任何人可以處理新的事情，唯一能做的，就只是毫髮不損穿過新的狀況，並從當中學習到一些東西。至於「處理」它們，我看免了吧！

我曾經歷經生命的幾次大事件，在當中，我都挺起胸膛大聲說：「這件事我可以處理！」但結果是，我處理得很糟糕。其實我應該用不同的方式，這幾次事件讓我知道，情緒激動或絕望時，千萬記得，閉嘴！注意，那不是壓抑你說的話，而是為了避免更多的痛苦與焦慮。所以，最好閉緊你的嘴巴，不論是對父母、子女、朋友，還是你的親密伙伴，因為我們太會演戲——拚命為自己的恐懼、憤怒和沒有安全感辯護，其實這只會讓我們更抑鬱、不平衡。

有時候誇下海口說「我做得到！」，最後都會讓我們付出代價。

人在驚慌的時候會有誇張、不理性的反應——像在演戲，尤其在人際關係裡。許多孩子就是因為企圖挽救關係或婚姻而來到人間，要孩子做這樣的承擔很殘忍。我們不成熟的處理方式，誇大了事件的威脅，這真是令人悲哀。

這個社會有很多人離婚，而他們的態度是：「那個臭女人（或男人），第一次遇到她（或他）的時候，我就知道她（或他）不是什麼好東西。」如果你不想負至少百分之五十的責任（甚至有勇氣承擔百分之七十或八十的責任——雖然你只有百分之五的過錯），而是繼續為自己的問題指責別人或環境，那麼你永遠長不大，更不要說去「處理」任何事情了。即使只是身上少一塊錢，你也不知道怎麼處理！你無法處理任何事情，只要你繼續指責，看不到自己也是整個問題結構的一分子。

在青少年或二十出頭的年紀，分手時我會說：「我還會遇見更好的……」或者，「再這樣下去，不會有好結果……」我非常非常自私，就像各位有時候也會如此。後來我很認真看待所有的關係，學習得很快，我知道自己跟其他人一樣，容易犯錯，所以，我願意負擔更大的責任（我怎麼會願意而且有能力負擔責任，真是個謎）。

耐心、堅持和等待時機，才不會有情緒化和誇張的反應。

26 親密結合的氣場，愛才能夠成長

我認為人應該以一夫一妻的方式在一起，享受健康的性關係。男人與女人應該相戀、相愛，而不跟其他的俊男美女打情罵俏，因為每個人都有某種程度的不安全感，所以一夫一妻制是受到推薦的，只有在親密結合的氣場中，愛才能夠成長。

性是一種很容易受傷的脆弱分享，也許，只有空難事件的生還者心情可堪比擬。那種一起經歷重大事件的感覺，一起看到彼此的脆弱，在性愛中如此，在悲劇事件中如此，而即使最深刻的知己友誼也不會有這種感覺。一起分享彼此的脆弱時，你的身體會感覺不同，會對其他人產生同情。我們天生不會與太多人分享脆弱感，因為很容易受傷。

在假的一夫一妻制裡，你被另外一個人綁住，你們發展出對抗全世界的孤立關係。你下班回家，老婆問：「加薪了嗎？老公。」

「沒有，他媽的！他們先給別人加薪。」

「什麼？你說什麼？他們敢這樣對你！你應該換工作，老闆不懂得欣賞你。」

你們用這種方式互相支持，這是隔絕的兩人世界。

真正的一夫一妻不是打情罵俏，不是勾引或被勾引的獵人遊戲。對男人來說，最愛的獵物就是他的工作和創意，他的熱情就在妻子與兒女身上；而女人，養育孩子，照顧她的男人、家庭、環境、社區，這就是她的藝術創作。那麼整個世界就是一顆晶瑩美麗的珍珠。

＊　＊　＊

人有時候在新關係裡會經驗到迷戀或廝守不放的欲望，這也就是為什麼很多人不斷演出喜新厭舊的戲碼，但最後還是回到原來伴侶身邊，因為他們知道，新關係遲早也會像舊關係。

有些長久的舊關係，沒有任何東西可以取代，新關係沒有舊關係那樣深厚。「因緣業報下的靈魂伴侶」很可能是真的，你們在一起已經有好幾世的輪迴，但是不要急，關係是需要時間累積的。

27 世俗的約定關係是一種謊言

你也許跟某人住在一起好多年，卻沒有結婚，但是，只要你簽下合約，兩人的關係就牽涉法律，你也將開始經歷世俗對婚姻的種種要求和制約。這種制約的力量很強，無論你多麼開放、敏感、有智慧，只要婚約一簽定，婚姻就有條文的約束，就會有彼此的分別。我知道得很清楚，人對婚約的反應是極度無意識的，基本上，只是這樣想：「啊！現在一切都是我的。」很像付完車貸的最後一筆尾款。

這樣想之後，就會產生微妙的狀況──開始佔配偶便宜，雖然「那不是故意的」。也許是丈夫不再甜言蜜語，或根本說不出好話，或不再讚美妻子的好吃料理。小事情不斷改變，只要簽下婚約，得到法律保障，蜜月也因此結束，彼此的體貼很快就消失殆盡。

世俗的約定關係，不論約定的是朋友或配偶，通常會涉及領域與所有權。人只要一配對，領域的驅力就變得特別強烈，認為朋友或配偶就是「我的財產」。例如在晚會中，如果配偶與異性交談，你就抓狂。可是我們必須面對這件事，如果你的配偶很想與某人發生性關係，這件事很糟糕，真的，然而，你又能怎樣？阻止嗎？用什麼辦法？關起來？還是暴力解決？

聽著！你的伴侶並不會因為你的阻止，而與你發展出更好的關係。你要面對一項事實，那就是他（或她）很可能還是跟以前一樣愛你。這是實情。有些人很天真，但是當他們開始覺醒，就會發現有很多懷疑、混亂、障礙，擋在智慧與成熟的道路上。就像上述的例子。也許，你的伴侶第一個同衾共枕的身邊人就是你；也許你像所有的男人一樣，你不會跟任何人結婚，除非她是處女，因為你非常在乎妻子是否保留第一次給你。

後來發生了一件事，有一天，在經過多年的婚姻生活之後，你的妻子無意中讀到《性的歡愉》（*Joy of Sex*）或《恐懼飛翔》（*Fear of Flying*），有某個點好像被觸動了……或者，她渴望另外的性伴侶是因為你太冷淡：兩分鐘的性行為之後，你翻個身這樣說：「感謝妳，親愛的。」或「妳覺得可以嗎？」又或你斜著上身說：「要不要來個荷包蛋？我煎得很香！」大多數的男人非常不敏感，大多數的女人也不太敏感，但是女人透過溫暖、理解、同情、奉獻、耐心，掩飾她的不敏感，這與男人的策略不一樣。

當一個人選擇結婚，這個選擇不應該是世俗的約定。真正的選擇應該是，選擇終身服務另一半。但是，以世俗社會的經驗而言，這種選擇會被批為好高鶩遠；任何有組織的靈性

傳統，莫不因此遭到抨擊。我們是心理上的殘障，特別是西方社會，也許乾脆稱呼為ＤＭＤ——「死男人病」（Dead Man's Disease）——在這裡我特別強調「男人」。

每一個人應該清楚反省，自己在親密關係上是否依然受到世俗約定的滲透。這種滲透是個謊言，把「你」當成是社會、家庭、環境的產品——每一個人、每一樣東西都是它們的產品，只有「上帝」除外。但只要我們走向轉化的旅程，就必須開始在生命大海找出正確方向——每一天都要覺知自己的行為、言談舉止、態度。只要親密關係是孤立的，只要習慣性的固著心態和毫無覺知的世俗假定，繼續影響我們的親密生活，偉大的形而上概念與崇高理想都不會有用。

28 不斷發現愛不是什麼，我們就更能欣賞愛是什麼

不論活到多大年紀，我們對於「愛是什麼」的看法，總是隨著經驗的擴大而推翻以前的認定。驀然回首，三十歲的我們覺得自己已經成熟，有豐富經驗，足以了解俗界的愛是什麼。到了四十歲，回頭看三十歲，不禁嘆息說：「老天！簡直太不成熟了，我犯下了許多錯誤，侮辱了很多人。早知道……」當我們邁入五十歲，整個觀點更成熟，更豐富，更完整；所謂的「成熟」有許多涵義，並不只是年紀更大，有更多經驗，而是能力更加深化，內心也更趨完整。基本上，我們不斷發現「愛不是什麼」，當人有能力看出更多的「不是什麼」，他就更能欣賞「什麼」——不論那是什麼。

成熟之後，我們還體會到另一件事，那就是「愛隨時可得」，不必依賴任何人。杜瑞爾（Lawrence Durrell）說，當一個人活在愛之中，而且這個愛是真的，那麼，他完全不需要自

己以外的任何東西。對蜜拉拜（Mirabai，十五世紀北印度的女詩人）來說，愛就是活著，並感受到克里希那神（Krishna）小小石雕像散發出的大愛；那是純然的感受，不必動腦找出原因。許多聖哲，他們與「大愛」的關係莫不如此。這種大愛也出現在許多基督教的神祕主義裡，然而在徒有形式的基督聖像與十字架裡，找不到這種東西。

人終將體認到，愛的具體化就是「流露」，而不是需求外在、依賴外在。在一些最浪漫、甜蜜中含著痛苦的文學作品中，愛人都是被否定的——死亡、被羞辱、沒有被人放在眼裡。但是愛非常完整，無論如何都會把自己表達出來，不論潛意識之中愛的對象是什麼。

當我們成為愛的學生，才能徹底體會，如果不是投入愛，那就是研究愛，此外沒有別的東西。大多數人都是愛的學生，也許我們愛過無數次，但至今仍然不清楚愛是什麼。

你不能正確無誤定義愛，但是你卻可以對於「愛是什麼」提出問題，在不斷找尋答案、精鍊答案的過程中，你愈來愈清明，愈來愈有心得。這並不是說，你終於可以立下「愛是什麼」的標準，而是你的經驗可以精鍊你的問題，然後你的焦點愈來愈單純，你的迷惑愈來愈少。在剛開始的時候，會有一些不清楚的元素在你的認知裡，然而，所有的東西最後都將被修行的能量淨化。

29 了悟化學之愛、情感之愛和覺知之愛的不同

化學之愛的生理驅動

在人類的關係中，磁吸效應存在於兩種化學變化裡，一個是情投意合，另一個是南轅北轍。南轅北轍的兩人是會相吸的，如同磁鐵的南北極。情投意合也會有磁鐵般的吸引力——我們很想找尋能夠投影自己的鏡子，因為我們渴望成長，渴望認識自己。

南轅北轍相吸正像拼圖遊戲，必須符合片片圖型；這種關係比情投意合持久，因為彼此互補。但任何關係如果只有化學變化，就不會完整。如果兩個人無法分享類似的目標與觀點，意識中層次較低的元素就會破壞正在建立的連結。

在化學之愛裡，包含人類最基本的迷戀與熱戀，都是化學定律的作用。例如，人類互相

之間會有生理的容忍力，每個人的容忍度都不同；然而容忍必有極限，只要超過，關係也隨之結束。

如果關係只是被化學變化、內分泌驅動，那麼我們只有一種反應方式。有件事特別可笑，就是我們常常假定化學之愛的熱戀不會有憤怒、嫉妒，也不會覺得內疚、不可能出現不安全感，也沒有種種的情緒反應。不可能！我們被化學作用綁住，這個化學作用只是「作用」，無情無義，它只能「催化」，然後在催化的驅動之下，什麼事都可能發生。

在化學之愛的催動之下，彼此做出承諾是非常荒唐的舉動，因為我們用頭腦承諾，可是卻沒有注意到化學定律。我們用自己的信念、期待、投射做出承諾，但是，我們沒有辦法控制化學作用，而且我們的語言牽制不了化學定律，無論做出承諾時所說的話多麼感人、多麼誠懇、多麼漂亮。

人經常對天發誓，保證一定如何如何，可是化學作用的特性讓我們無法為一夫一妻守諾！靈性上我們絕對是一夫一妻的，但是在化學作用的影響下，我們都是有模有樣的動物——像極了院子裡的公雞，昂首追逐，不時跳到母雞身上。當然啦！動物不知道什麼叫自我反省，牠們的活動都是化學性的——完全出自本能。同樣的情況出現在人類的化學之愛裡，我們不得不接受非人性的化學驅動力。只要愛是化學的，只要我們依然是「次人類」（sub-human），我們就只能擁有這種愛。

在化學之愛裡，雖然身體不搞外遇，但「心」一定出軌。所有的曖昧口號——像是「變化才是生活調味劑」、「七年之癢」，或其他種種放狗屁的口號——都是經過設計，用來合理化自己的化學反應，因為我們只是「次人類」。

我們不知道自己的整體性，也不知道伴侶的化學反應，但是我們的內心很清楚，必須發展出某種特別的態度，願意探索、質疑、接納。在了解自我的同時，我們必須搞懂什麼是化學之愛，什麼是情感之愛與覺知之愛。

情感之愛的心理變化

情感之愛所以浮現出來，是因為環境影響了心靈——這個環境包括朋友、父母、老師和生活環境。我們能夠有情感上的愛戀，完全根植於最基本的求生存謀求，而這又是化學之愛的應用。從孩提時代開始，我們觀察整個環境，並依照自己的觀察開始自我發展。因此，我們的所有關係都是自己選擇的世界觀所營造出來的。

情感之愛的關係是極度善變的，一會兒上，一會兒下，上上下下；不再相恨，開始相愛，可是沒多久卻又開始相恨——但就是分不開。太依賴彼此的支持，每一個人的「故事」

緊緊勾住另一個人的，這就是典型的「相互依賴情結」。

情感之愛的例子不勝枚舉。實際上，情感之愛是西方世界的傳染病，是一種最難轉化的愛。當你們的關係處於情感之愛的「上升」階段，在「上帝」的祝福下你們迷醉狂喜、受到鼓舞，可是無形中你們也彼此消耗！這種你儂我儂的情感依賴太過美好了，因此，即使走到「下降」的階段（例如被虐待），你們也割捨不掉，不願意冒險分開。情感之愛可以讓人受到激勵，因此也是喚醒靈感的媒介。進入情感之愛的人，將成為藝術家、詩人，或是赴湯蹈火的騎士。

你可以學習化學之愛，研究化學之愛，逐漸提升而超越它的領域——你終於知己知彼，不再被化學之愛的信號蠱惑。但是情感之愛破壞力十足，而且本身相當完整，令人難以逃離它的心理控制，也就是說，你頂多不再陷入情感之愛，但很難超越。

覺知之愛的轉化之道

另一方面，覺知之愛不會有化學之愛的反應與情感之愛的變化。但覺知之愛不會瞧不起化學作用——因為人是生物之一，必須互相依靠、繁衍子孫；而且就某些角度而言，我們確實受到細胞結構與內分泌的影響。

唯有覺知之愛才能創造「鍊金術」的愛——「轉化之道」——走出人的局限。我們是生物體，是全宇宙最好——至少是銀河系最好的生物體；但沒有覺知之愛，我們只是生物，我們失去可能性，成為與其他靈長類動物沒什麼兩樣的生物體。

覺知之愛遠遠超過人與人之間的平常關係。人類栽培出精緻美麗的鮮花，就是覺知之愛的創意；養育出最高貴的駿馬或純種良犬，也是另一種朝向覺知之愛的努力。在這些例子中，我們達到創造的極致，那是一種生命的全新方向，已經超越對美感的追求。

當然，這種形式的覺知之愛也因為利益動機（自我的目的）而染上汙名。我們不是因為狗而發揚覺知之愛，我們只是為了得獎；我們不是因為馬而發揚覺知之愛，只是為了贏得競賽，滿足貪得無厭的名利；我們不是因為花而發揚覺知之愛，只是為了爭奇鬥豔，覺得因此喚起了內心的某些東西，我們想要這種感覺！我們到處找尋，想要成為神——想要創造、想要轉化！但是卻不知道覺知之愛是什麼東西，我們毫無創造覺知之愛的意思，只是想要向那個方向移動。覺知之愛是我們內心所喚醒的——愛的最高形式。

直覺上，「超人」的觀念——人種的理想化——是一種創造覺知之愛的企圖，但是這項企圖卻因為潛意識與心理上的自私動機而破壞殆盡。我們用錯誤的時尚流行做這些事情，我們不知道自己正在做什麼，還好我們至少一步一步往「神聖的大化之流」（Great Process of Divine Evolution）前進。

只要人與自然交流，就能接收到最基本的覺知之愛。自然是純淨的，沒有心理上的扭曲，沒有任何的「自我」——沒有小蟲的自我、大象的自我、山的自我，或者彩虹的自我、太陽的自我！我們可以盡情敞開，向自然做無限自由的表達，不必擔心任何心理的反作用力。很可惜，我們無法從同類那裡接收到這種無限自由，除了某些特別覺知的環境，例如，不斷精進的修行團體。

覺知之愛是非常神聖、非常莊嚴的，讓人想窩在它的懷抱裡，而且不會忘記，也永遠不想離開。覺知之愛者的能量不會消散，經過一段時間之後，愛又再度飽滿。這種用之不竭的能量正是覺知之愛所喚醒的轉化張力。但是然後呢，它又能為我們帶來什麼？

覺知之愛不會突然發生，必須經營、活化，而且住在裡面。「我戀愛了！」不是覺知之愛，覺知之愛來自於大力的精進，最主要的因素就是觀察自己，觀察是否你想要的是為對方好，或者，只是你想要的。

覺知之愛代表著，讓你的愛人得到最想要的東西，即使這些東西是你的自我最排斥的（「你的愛人」是非常不妥的形容，因為在覺知之愛中，我們並不「擁有」什麼，而且「愛人」也不是世俗的意義。我之所以採用這個字，是為了避免一次又一次的冗長說明）。為了發展覺知之愛，每一個人每一天都將面對危機與轉折——包括你的工作，早上什麼時候起床，多久發生一次性行為、應該用什麼方式；早餐吃什麼，吞幾顆維他命；什麼時候生小孩、生幾個，如何教養他們；如何與岳父母或公婆相處，什麼時候回去探視自己的父母……每一天種種的大小事。所有的可能轉折都發生在心裡，不是發生在身體。

「什麼東西對我的愛人最好？」不管什麼東西，那都是你必須順應的，這就是順應神聖的力量。自我無法做這種選擇。有時候，對愛人最好的東西卻令他們痛苦。你的愛人必須流血流汗，辛辛苦苦完成某些東西，因此他們可能全力抗拒。如果你有足夠的能量，讓愛人完成他們必須完成的使命，你也必須全力以赴，即使你受盡壓力，或造成你們之間的緊張。

如果你們的關係中沒有我所描述的「上帝」，那麼，無論你跟誰在一起，都不能成為覺知的愛人。當你們可以成為覺知的愛人，那麼，你們就能在靈性境界與「神性」達成完美的和諧，生命因此獲得最大肯定。如果用學習到的知識或受過訓練的經驗，企圖做出這種肯定，頂多只是理性的作用。生命中的大肯定，是「天意」在人的本性中做出的某種決定，絕不是心理的建構或知識的堆積。

只要發展出覺知之愛，你就能感受到愛人的完美，你的愛人不僅僅只是人類，而是「上帝」的創造本質。不論他的「外殼」是什麼樣子，不論他有多少好習慣或壞習慣，也無論他多麼瘋狂，你永遠可以感受到對方的本質與完美。而且不計任何代價，即使奉獻你的生命、奉獻你的聖靈，也要喚醒愛人的完美，這就是覺知之愛。你們經營的是覺知的關係，

這一切都必須透過不斷精進才能體會，在俗世社會中無法在這方面成長。我們的最偉大成就，就是希望有一天變成覺知的愛人。

大多數人無法覺知容忍，一般性的容忍與覺知的容忍有很大差別。人有一大堆的傾向、習慣與神經質，覺知的容忍是要認清這些傾向，並了解跟你有關係的人一定有一卡車的習慣與神經質，你不能痴痴等待他們「不惹你」。如果你真的想等待，可能要等上一輩子……或者更久。也有可能五年之後，他們稍稍不同，或根本沒什麼兩樣，不論出現什麼結果，他們就是他們自己！

從愛人身上看到完美的火花，你會很欣賞，可是你也必須欣賞他的「外殼」與不完美，一直到他開始變得不同，一直到他的行為與內在的完美融合為一。這才是覺知的容忍。

大多數人經驗到的容忍，並不是選擇的容忍，而是必須的容忍、不得不的容忍，因為我們還要與別人相處，因為我們不在乎，或者，因為我們不想製造問題與戰爭。我們為了自己的生活與生存而容忍，不是為了愛人而覺知的容忍。我們彼此看不到完美，我們相互呻吟、相互牢騷，而且當別人有所指責，如果還有控制力的話，我們只能咬緊下脣。我們不得不容忍！我們不想風波盪漾，所以只好容忍。

對覺知的愛人而言，謙卑與覺知的容忍是必要的。覺知的愛人，比其他人更接近完美，但是他永遠謙卑。如果你真心為了你的愛人，完不完美已經不再重要，你不會因為自己的完美而自以為偉大，也不會因為自己的完美而輕視愛人、輕視別人。

經過了一段時間，進入覺知之愛鍊金術的人，所得到的回饋就是這樣的愛。這是完美的付出，完美的接受，我們在「奉獻與崇拜」中互相受惠。這當中永遠只有付出與接受，絕對不會有應不應該付出、應不應該接受，以及什麼時候付出、什麼時候接受的衝突。只有付出，在非常放鬆之中付出；只有接受，在非常放鬆之中接受，接受你們倆，也接受所有人的一切。很清楚，這樣的覺知之愛適用於男人與女人，適用於同性別的朋友，也適用於人與「上帝」，甚至更加適用！

我們必須知道自己正在做什麼。在覺知之愛的創造中，我們與非常特殊的化學工廠合作，這座化學工廠比全世界其他高科技工廠更加精密、更加敏感。如果我們不能覺知，也就是說，如果我們不願意知道，這個世界的運作與外觀跟「上帝」創造動靜陰陽有什麼關係；如果我們不願意了解，現在所形成的這個身體，其中的化學作用與能量運作，彼此有什麼不同層次的交互作用，那麼，我們可能互相傷害，讓伴侶生病、受苦、發狂；我們可能在這輩子互相毀滅。這已經不只是產生種種的身心疾病而已，如果少了覺知，人真的會互相毀滅。

只有愛是不夠的，還要有所覺知。如果只是愛，但是沒有成就「道」，我們就是白活一場。覺知之愛能夠放下而順應自然，願意為所愛的人放棄一切；而且理想上，被愛的人也開始覺知，互相護持，獲得更大自由，互相解脫。

30 沒有「自我」等於愛，「自我」等於沒有愛

你不可能只是愛，卻與「上帝」或「道」分開。「這樣啊？那麼我還是必須暫時與『上帝』分開，因為，我還要追求夢想，還有許多抱負等著實現。我必須要有更多的自由，我必須創作，還要唱歌、跳舞，我也要縫衣服、生小孩，更要先照顧我媽……我會把時間留給『上帝』，只要把這些事做好，我就會開始去愛……」

不會，你絕對不會！也許你也是普通人，只不過比別人多一點慷慨，多一點懂得感激；但是，愛絕對不是與「上帝」分開的存在。只要你的「我」繼續運作，只要那個「我」想要愛、只要你付出愛，那就不是愛。它可能是愛慕、關懷，可能是擔心、體貼、理解、同情，它也可能是同理心，但統統不是愛，不是！絕對不是愛。當愛人送你玫瑰，不論你覺得多興奮，那不是愛；那只是興奮，不是愛。這一切只是個「屁」——當你望著伴侶或看著子女，不論你的心是否感覺融化，或你的眼睛是否感動得有點朦朧，只要你與「上帝」分離，愛不能存在，不可能！我們這個時代最流行的，就是以商品的方式接近愛。我們都用錯誤的方式思考，認為自我有本事創造愛，而且只要「做善事」，愛就是最後的禮物。沒這回事！一些基督教的基本教義派，裡面有非常多的大好人，如果因為做善事而獲得勳章，那麼他們可能會背到走不動。你不會因為行善而得到愛，你會因為「消失」或「消解」而得到愛。只要「我」在，愛就不在；只要「我」停止存在，愛立刻湧現。就這麼簡單。

完美的組合很簡單：沒有自我等於愛，自我等於沒有愛。這當中沒有光譜般的層次，你必須做的第一件事就是放下「小我」，因為，只要內心裡還有「你爭我奪」，你就不可能知道那個稱之為「我」的你是什麼人。首先，你一定要把所有的「小我」放在某個中心，如此一來你的三個中心（思想、感覺，以及移動中心）就會協調得很好，互相共鳴，不會以互相矛盾的方式運作。我建議用靜心、運動或禪修達到這樣的效果。然後，當你覺得狀況很好，境界愈來愈高時，你已經脫離，你會覺得「三托歷」（satori，頓悟）即將來臨，這時候你更應該放下一切。最後，你一定要赤裸走過世界，從防衛你、保護你，讓你自以為「是」（即使你比「不是」更加不是）的「我」裡面，解放出來。這就是整個過程。

只要企圖戲劇化、美化你的這個「我」，你絕對體驗不到「上帝」、「道」。你沒有選

擇，再怎麼禱告也沒有用，即使百分之一的機會也沒有。只要願意放下，你的修行立刻勇猛精進，你將飛越。被釘在十字架上的苦難滋味，很快即將結束。

有些人一直在十字路口徘徊，不斷抱怨或發出哀鳴，好幾年過去了，其實一切都是自己的錯。你不能怪罪任何人，一切都是你的死硬與頑固，拒絕交出自我。「我沒辦法！」你這個沒辦法的「我」頑固、頑固、很頑固，所以你只能是現在的這個樣子，無法超越。

生命其實非常簡單。真的，只有兩件事──「我」，以及「超越我」。反而，我們化簡單為無限麻煩。「這個要怎麼辦，那個要怎麼辦，怎麼辦、怎麼辦……人死了怎麼辦？靈魂要怎麼進入身體？墮胎道不道德？還有男人、女人、生命、死亡、無限……還有，下一檔的連續劇什麼時候演出？」

也許，大家應該走進電視連續劇的世界，裡面的人生很美好。也許，我們應該比現在還保守一點，絕對不要長大，一把年紀還是這樣。大家最好都是文化白痴，住在文化蠻荒地，全部的人每天期待男女主角將要演出什麼新戲！如果沒有這麼悲慘，那麼，這一切莫非是人類最不可思議、最荒謬的玩笑？既然如此，你還想再玩一次嗎？

31 神聖的婚姻不是束縛，是允許

神祕教派蘇菲（Sufi）的一位老師說：「愛是產品。」沒錯，愛不會平白無故發生，你必須創造它、維持它，而且在必要時修護它。關係也是如此。如果熱力消退，你就必須重新創造；你無法把過去的東西帶回來，因為過去已經死亡。進入婚姻的人必須認識到，彼此的允諾必須包含互相間不能停歇的存在創造。

婚姻之中的交流內容潮起潮落，就像任何關係，永遠有沸點與冰點。如果你進入婚姻關係，就不能期待婚姻的每一分鐘都熱情如火、甜蜜無比；如果降至冰點，你也不應該這樣想：「嘿！我們的感情一直很好，讓我們恢復以前的樣子。」而是要這樣想：「現在就是這樣子。現在，我們的下一步該怎麼走？」

男人與女人有時候會出現「七年之癢」或「十四年之癢」。有些男人在四十到六十歲

之間會有「流浪癖」；女人則對無法服務「女性」的男人，有很深的不滿。既有的這些問題結合了當代以自我為中心、自戀與不負責任的外遇文化，讓長期的關係受到最嚴苛的挑戰。

雖然有這麼多的問題與障礙，我個人仍然強烈喜歡長期的允諾關係。人只要一起生活在長期的親密環境中（在今天這個時代，超過七年就算長期了），就會發展出非常有潛力、非常有價值的東西，而這些東西在其他環境不容易得到。發展出某種內在關聯性，這個內在關聯可以被認識，也可以「用」——用來做深入的轉化。

我們必須有能力奉獻自己，奉獻給經營中的愛。再怎麼說我們都不該隨波逐流，把生命、時光耗費在最初的「如痴如狂」上——第一波的迷戀，雖然它遠遠超過一般性的肉體吸引力；例如很興奮當眾宣布：「我終於找到『靈魂伴侶』！」有件事我很肯定，那就是，如果能夠發展關係中平凡、一般性反應的部分，例如關心、誠實、幽默感（尤其是自我調侃）、不怕沒面子，那麼就更能夠發展出靈性的部分。

婚姻不是文化慣性或法律規定，也不是空洞儀式或鋪張演出的時代劇。傳統社會中對婚姻的期待，以及婚姻的要素，很難說得上是「真正而神聖」的婚姻。「真正的」婚姻不需要宗教儀式或政府公權力的確認與保證。

婚姻代表著願意親密的允諾約定，不僅僅只有性，還有靈魂層次的親密，更深化到生命存在的互動。婚姻是願意終身服務的約定，願意誠實、開放，也願意溝通、彼此關愛，而且在面對一切問題時互相同情。很明顯，在「成功的」婚姻關係中，兩個人有相似的心性，願意接納、互相尊重，雖然說這個彼此互通的心性，不一定在同一時間或同一個地點同時顯現。態度是最大關鍵。某些時候，一方可能醋勁大發或非常不可理喻，但是，只要這對伴侶彼此相愛，願意面對問題，並共同處理問題，那麼風波很快就會過去。最重要的還是態度——讓你的伴侶獲得自由，也讓你的伴侶知道，他（她）的服務你都點滴在心。

婚姻包含著給對方自由，能讓對方偶爾有稍微不敏感的自由，偶爾把你的服務、你的存在視為理所當然。服務意謂著，當你的伴侶心情不穩，對你不是很好，這時候你不會選擇以牙還牙，用臭臉給他看，雖然你知道用什麼方式傷害他可以扳回一城。只要我們跟某人相處幾個月，很輕易就知道他的弱點，知道什麼東西最容易傷他的心。很不可思議，在親密關係裡，我們所做的第一件事竟然是收集資料，了解對方感情容易受創的要害，怪哉？

婚姻同時意謂著，允許對方成長，允許他以自己的方式存在，而且允許他與「道」或「上帝」發展出意義深遠的關係。

在婚姻中服務另一人，並非指大男人基本教義派的「服務」，不是讓男人主宰、控制、虐待女人。這樣的父權統治在歷史上不能稱之為「啟蒙」。父權制度下的婚姻是有偏見的，完全不公平。所以，我們有必要區別一般的婚姻與「實質」的婚姻。實質的婚姻存在

於「上帝」眼中，代表著對上帝的回應，然後，才是對環境和伴侶的回應。以更廣的角度來看「實質」的關係，我們可以說，伴侶關係可以影響全世界。因此，我們必須小心，不要只會躲在自己吹噓出來的小泡泡中志得意滿，忘記了我們就是「世界」本身。

實質的婚姻是兩個人的允諾，願意一起投入，願意一起建立與「神聖存在」的關係。基本上，那是一種進入「三哈那」（sadhana），也就是進入「靈修」的正式結合，而不是道德規範的要求，這才是婚姻的原型表現。當一個人成為上帝的真正學生，所有的元素立刻同時彰顯；其中沒有階級，沒有誰前誰後，誰唱誰隨的規定。因此，所有的反應都是自然的，也是同步的，需要什麼就會反應什麼。這個隨順自然的過程，就是「神聖的進程」。

在靈魂或心靈的層次上（以巫士的觀點而言，這是上層世界），或是日常生活的細碎瑣事（中層世界），還是個人的黑暗祕密（下層世界）——這些東西都包含在婚姻裡，而且都在「經營愛」的歷程中運作。這個歷程就是鍊金術的轉化過程。

所謂「正式的婚姻儀式」應該可以顯示，已經達到「修」的成熟層次，你可以無條件支持伴侶，讓你的伴侶自由去成就「三哈那」。但是，請不要誤解這個定義。如果你向別人說明這種「鍊金術」，大多數人立刻想到：「噢，你的意思就是，像『開放的婚姻』？」在大部分人的眼裡，讓伴侶獲得自由，指的都是「性」開放。

神聖的婚姻代表著，伴侶之間互相創造靈修的最佳環境。你讓伴侶獲得自由，進行他覺得必須做的修行，而你則提供絕對的支持。整個過程都在親密、體貼與性交流的內涵中完成。神聖的婚姻是讓伴侶解脫，而不是控制。婚姻就是立誓，你絕對不會用嫉妒、可憐、競爭、貪婪的心態，讓伴侶的「三哈那」複雜化。

為了經營愛——無論那是與伴侶、子女、朋友——所付的任何代價都是值得的，即使這些代價包括內心的平靜與身體的健康。為了經營愛，我們的「大存在」（Being）永不滅絕，即使我們的身心已經死亡。而且，為了經營愛，我們的「力量」變得非常有用，甚至非常關鍵，特別是在「三哈那」的領域。

經營愛要求犧牲與創造，因為每一個人骨子裡都企圖自我美化，並拒絕神聖，這個企圖將破壞愛的清晰度，讓我們對愛更加迷糊。因此，經營愛的過程要求石破天驚的扭轉，而最後的結局也將石破天驚，把臭水溝裡的自我提升至為「道」奉獻的境地。

32 「愛」與「關係」沒有關係

人在關係中，會出現階段性的激烈行為改變。你必須因此為伴侶、朋友預做準備，也必須承認改變是個難關，不過只是階段性而已；那是暫時的，雖然改變將持續一段時間。「愛」不是依靠行為的改變，不會，也不可能。如果「愛」因為行為而改變，那就不是「愛」。但是，我們常常說的「愛」，卻因為行為的改變而改變，就像有些人可能突然意識到，「你不是我當初結婚的那個人。」

可是，你不可能希望你結婚的那個人，永遠是同一個人，否則你結婚的「那個人」，不是木頭便是石頭！有時候，特別是當你進入「神聖力量」的大化之流，行為的改變甚至可能非常激烈；如果「愛」出現，那麼，「愛」不會受到行為改變的影響，即便某些調整是必要的。這些發生在伴侶身上的改變，可能令你不快，但是「愛」卻不會；有時候你們兩人可能無法輕鬆的相處，但是卻不會威脅或削弱你們之間的愛。

只要「愛」進入你的生命，如果那是真的「愛」，那就是永恆的。「愛」存在，不管你有沒有繼續發展關係。

真正的「愛」包含著危險與恐怖。你存在的每個樣態，最後都必須面對真正的愛。「如果回不來怎麼辦？」你這樣問。是的，這就是冒險！所以愛包含著恐怖與危險。

我們不知道在愛當中將出現什麼危險，因為我們無法知道「愛」將以什麼方式出現。一想到愛，你可能馬上聯想，與某人一起過著幸福的日子──美好的家庭，偶爾去旅行，可以享受美食，穿上高雅的流行服飾。也許你冒著風險，與家人不贊同的對象結婚。但是，只要真的進入愛，你絕對無法知道「愛」將以什麼方式出現。

維持關係有情感上的風險，不過僅限於心理領域。「愛」本身沒有維持的問題，因為「愛」是恆常的。

與「愛」同在吧！如果有問題，那是當然的，因為你與「關係」同在，因此必須馬不停蹄解決問題。產生爭執時，避免正面衝突，或者，讓自己清明一點、輕鬆一點、幽默一點。

「愛」與「關係」沒有關聯。兩個有關係的人同時有「愛」，這樣的情形很罕見，雖然他們互相說過「我愛你」一百萬次。但是，這樣的關係還是值得冒險。勇敢去冒險吧！如果你「愛」，但是另外一個人沒有，那麼也許他或她將來會愛，或也可能不會，不管如

何，「愛」與「關係」沒有關聯，它們在不同的領域。

如果兩個人有「愛」，而且能夠互相了解，那麼他們一定會體會到：一，他們有「愛」；二，他們有緣碰在一起。也就是說，他們愛的不是另一個人，而是「愛」已經呈現，這個「愛」超越任何的個人關係。

你看，多好！他們有「愛」，不論是因為這個理由或那個理由——理由已經不再重要。他們有「愛」，而且可以在關係中把「愛」表達出來。

「愛」就像「上帝」。兩者同樣令人振奮，令人產生踏實感。你絕對不會失去什麼，它們永遠存在。在真正的「愛」當中，你不會失去，也不曾獲得。即便在恐懼、嫉妒、貪心、狂熱，以及其他種種的情緒中，你都不會失去「愛」。如果你抱怨說：「我失去愛，因為我們的關係出問題。」代表你根本不知「愛」為何物。如果有「愛」，你永遠在「愛」之中，不論在什麼環境。

*　　*　　*

一般人只會用凡俗的觀念經營一種關係。但是，沒有「一種關係」這樣的東西，只有「關係」。當你經營出「一種關係」，就不會有「關係」。

在語言的使用上確實隱藏著一種幽微而神祕的「法」，有所肯定必然有所否定，如果肯定是真，否定也具有同樣的分量。因此，我們所肯定的「一種關係」，就是在否定「關係」。

＊　＊　＊

如果你愛某人，如果你的注意力只在那個人身上，你只是把「上帝」當作橋梁；但是如果你愛某人，但焦點不是那個人，而是「愛」，那麼你就直接進入「道」。當你採取這個直接入道的近路，就能讓你愛的那個人真正被愛，而不是神經質的被牽扯。關係的終極形式，是兩個人的結合或交流，充滿關懷、誠懇與同情，因為兩個人的注意力都放在「愛」，而不是在對方身上。然後，你們在神意的大化之流下，讓關係自然展示出來。這種「關係」與「一種關係」有很大的差別，因為後者充滿了孤單或期待。

在真正的共同體之中，人的交流可以彼此感應，因為大家把原始的焦點放在生命的功課上，然後展現彼此的友愛。當我們愈專心於生命之修，更大的友愛能量就源源不絕而來。

33 以人類之愛促成愛的原型

你可以與配偶、子女、父母、朋友，發展出深刻、關懷、親切，以及無懈可擊的關係，但是這種愛的品質只是人類之愛——即使有所謂的「靈魂伴侶」——都不能跟更為超越的「所愛」（Beloved，在蘇菲教派的傳統中，愛的對象是人格或非人格的神性，即「所愛」，那是順應「天命」或「神意」的愛）之愛相比。當今有一主流，就是模仿「新時代」的教導，膜拜伴侶，把對方視為男神或女神。這是非常危險的教導。

在基本的人類層次上，我們可以被生命的奇妙感動，並因此而敞開內心。這樣的情形可能發生在我們愛上某人、看到別人的愛，或是進入超凡的境界時，兩個人的關係，類似於愛者（Lover）與「所愛」的關係。「上下同一」（As above, so below），所以我們渴望找到「所愛」，渴望在對方身上看到「上下同一」的顯現。我們會被這樣的顯現觸動，會意識到它的不凡，但是，不要掉落休士頓（Jean Houston）所謂的陷阱裡：哼！「所愛」比「我愛的人」（my beloved）高尚多了！

人類之愛是可以與「所愛」形成三位一體的。換個方式說，如果兩個人都有「所愛」，那麼「所愛」也在兩人的愛當中，可以加強兩個人的關係。

「愛者」和「所愛」的原型，常常由一些宗教或神話裡的男女神祇代表，如克里希那（Krishna）與蘭妲（Radha），濕婆（Shiva）與帕瓦蒂（Parvati），羅摩（Rama）與息妲（Sita）。但是這些形象所代表的原型關係，並不是要我們追求所謂的完美之愛；這些形象確實是很好的模範，但是也會使我們誤解。在這些神祇的故事裡，「所愛」有時候會離開，或者「愛者」與「所愛」會經歷某種形式的分離；這樣的分離都是為了透過「愛者」的渴望，重新發現「所愛」。當濕婆即將離開，他這樣表示：「我有可能不再回來。我必須贖罪一萬五千年。在此等著。」

你也許會發現即使你深愛某人，他或她卻不是你的「所愛」。「所愛」，是魯米（Rumi）的沙穆斯・依・塔賓（Shams-i-Tabriz，一名神祕修行者，魯米跟隨他四十天後徹底轉化，寫出不朽詩篇），是麻鳩奴（Majnun）的蘭娜（Layla，蘭娜與麻鳩奴是阿拉伯民間膾炙人口並以悲劇收尾的愛情故事）。魯米原本用「沙穆斯」（Shams）這個名字代表「所愛」，但最後沒這麼做，在他的詩篇中，「沙穆斯」只是一個平常的名字。在蘭娜與麻鳩奴愛情故事的延伸版本中，麻鳩奴最後贏得蘭娜，蘭娜同意結婚，但是到了大喜之日，麻

鳩奴卻不見人影。麻鳩奴意識到蘭娜的原型，他不再需要婚姻，不再需要跟眼前這個人在一起。於是，蘭娜坐在床上，麻鳩奴走出帳棚，不斷呼喚：「蘭娜……蘭娜……」

所以，你可以運用人類之愛的元素——例如溫柔、同情、讚美、順應——來慢慢了解「所愛」之愛。關係是第一步，只要關係繼續發展，就可以愈來愈了解「愛」，愈來愈進入「愛」。

34 一旦進入「愛」，你只能完完全全投入

在以「道」為本的人生裡，人與「上帝」的關係，其中的運作方式，與一般性的人際關係不一樣，這一點很重要。「真愛」的最後結果是完全接納愛的對象，達到沒有自我的境地。在這個層次裡面，人才赫然發現，渴望、苦難、心痛，都是在自我指涉下所創造的。「真愛」沒有這些東西，只有更多更多的愛。

一般人用一般方式去愛的時候會說：「為什麼我那麼多情，要愛得更多？這只會增加我的痛苦。我在談情說愛之前，根本沒這些痛苦。」但是，重點在於你無法少愛一點，而且你也無法維持現狀，雖然說表面上看起來，多愛一點似乎痛苦也會多一點，但唯一的出路只有穿越它。所以你必須全然投入愛，多愛一點，直到你渾然忘我。沒有其他的答案，也沒有簡單的逃離門路。一旦「愛」抓住你，你必須讓「愛」完完全全籠罩，否則你會痛

苦、煩惱、欲求不得、分裂。沒有中間的過渡狀態，一旦被抓住，你就是被抓住；一旦你感到痛苦，苦難就沒完沒了。你無法逃出去，所以，如果你還沒有進入「愛」，現在正是好好思考愛是什麼的好時機。你不能用過渡時期的立場去思考，一旦「愛」碰觸到你，你就必須無止盡追求下去。

當你進入愛，一定會感受到過去一些殘留的人云亦云俗世欲望。你會覺得應該擁有愛的對象，覺得對方無論如何都要伺候你、等你，用你喜歡的方式說話，用你喜歡的方式裝扮自己，而且伺候你的時候還要有敏銳的感覺，浪漫、細心。這是很正常也可以理解的願望。然而，「愛」的層次不一樣，解決渴望、欲求不得與分離的痛苦，唯一的方法就是完完全全投入「愛」。沒有中間的過渡狀態，在你尚未全然投入之前，會有痛苦、欲望、未實現的渴望；但是，一旦你全心全意投入，就永遠投入。只要「愛」抓住你，即使只抓住你一小部分，唯一的出路只有「穿越」。

所以，如果還沒有進入愛，你依然有機會閃避，而且閃得愈遠愈好。不要追求靈性的生命，不要心存「道」或「上帝」，也不必為生命的奧祕讚嘆驚奇。如果你尚未嚐到痛苦的滋味，而且你也不想品嚐，那就盡快走開……離愈遠愈好。不要扯進來，不要跟「愛」產生任何關係，直到下輩子再說。因為一旦掉進來，唯一的出路只有穿越——完完全全被「愛」盤據。

當你完完全全被「愛」盤據，就沒有所謂的「自我」，也不會有「我」或「某個人」被折磨、受到傷害，或是活在煩惱中、痛苦中。沒有「誰」，因為「你」的願望就是「愛者」的願望。如果愛者的願望沒有跟隨你，那只是你的欲望。記住，沒有痛苦、沒有呻吟、沒有災難……愛者不必犧牲，因為當你完完全全投入愛，「犧牲」這個字就無用武之地。

我的任務就是幫助你們穿越，到達另一個境地。其實，讓你們穿越並非我的任務，我沒有這個能耐，我的任務是讓你們用適當的態度好好相處，不要在人生之旅的深山中迷路，至少不要跌落斷崖或在湍急河流中滅頂。如果你們願意給我機會，這是我所能做到的。

第四部 陰陽

在第四部裡，作者對於如何活化男性文化與女性文化，多所指點，也同時說明如何表達男性與女性的獨特性與力量。在這個基礎下，他再進一步探索男性特質的「陽」與女性特質的「陰」，了解陰陽太極的本質之後，再把焦點放在「成為女人」（Becoming Woman）的重要性。

35 與同性交流能夠增進伴侶關係

在我小時候，父母的朋友還有他們的另一半，常到我家舉行派對。很多的夫妻是藝術家，大家所以成為朋友，並不是偶然的相遇，而是秉持共同的理想，有相同的目標。派對的氣氛非常溫暖、融洽——可以無礙交流。雖然當時我還是孩子，完全不懂得欣賞，但我在三十歲的時候突然開竅，真希望回到往日的現場，靜靜坐著，沉浸在融洽交流的氣氛中！

當時每個人的社交互動都很流暢，然後眾人換到另一個空間用餐。每一對伴侶輕鬆坐在一起，當然偶爾也有沒坐在一起的時候……整個氣氛非常放鬆。晚餐後，男人喜歡到客廳去，女人則自願到廚房幫忙，偶爾則會有些女士到客廳與男士暢談。

如果晚餐的話題意猶未盡，吃飽飯後還有續集。每個人都有各自喜歡的閒談主題，討論起來比在餐桌上還熱烈，話題的豐富令人著迷。男人經常討論政治與藝術，而且都有深入

的交流；其中有不少女士是成功而且出名的藝術家，作品已經在美術館或畫廊展出。詳情我已不太記得，可是仍能清楚感受到我好像也是其中一分子，一點也不覺得被排斥，我對他們的談話內容很好奇，但不感興趣。那麼清晰的感受，至今仍難忘懷。

就算經過了那麼多的世代，男人與女人的互動文化，在古老的部落裡如此，在傳統的社會中也是如此。在我的回憶裡，以前的男女互動是那麼的自然、真誠。男女伴侶同坐在餐桌一旁，輕聲細語交談，氣氛非常放鬆，無拘無束，真是美妙，因為每個人都在互相交流。當男人走入客廳，女人走進廚房，整個交流並沒有中斷。走進廚房的女人並沒有覺得委屈，覺得受到壓抑；而且，沒有到客廳一起與男人暢談，她們也不覺得受挫或不公平。她們不是坐在廚房提倡「男女平權修正案」，然後充滿憤慨，只要法案一過，就不必進廚房，而是到客廳去，與男人高談闊論。男人討論如何激勵自己，女人也同樣討論如何激勵自己，討論的東西雖然一樣，但是文化內涵卻不一樣。女人在廚房交流，男人在客廳交流，廚房與客廳的兩組人，不必在同一個空間，也正在互相交流。

再回來看看我們這個時代的「轟趴」，我們很難看見交流。房間內瀰漫著張力，好像都很快樂和滿足，每個姿勢都充滿誘惑；每個人的焦點都放在誰在注意誰，明天晚上或下星期誰又會跟誰睡覺，以及誰穿什麼、說什麼……性的緊張程度令人難以置信，雖然不至於「凍未條」，但對於知道什麼是優雅與品味的人而言，實在看不下衣冠不整的醉翁之意。

這就是這個世代的寫照，男人不跟男人在一起，女人也不跟女人在一起，因為脆弱、迷惑、缺乏安全感的心靈說，這樣做不對勁。

這樣做有什麼不對勁？那是美妙而迷人的現象！我的父親就喜歡跟男人在一起，臉泛光澤！他很享受跟男性朋友在一起的時光，跟大夥坐在餐桌旁；雖然父親同時也很愛家人，但他就是喜歡跟男性朋友一起，因為他們的聚會與家人的相聚不一樣。跟男人在一起，他「吃進去」的東西不一樣——沒有更好，但就是不一樣。

當你注視自己所愛的人，看到他或她很自由、很快樂，這些東西就是在餵養伴侶關係。當你的伴侶可以與同性別的人做真正的交流，你們的關係就會增進。也許你們已經冷戰了兩個禮拜，並且相互怨恨，但是當你看到他或她在同性交流裡經驗到「剎那的自由」（free moment），這種剎那的自由非常接近開悟，也就是剎那之間，你又再度愛上他或她。這個體會讓你重燃交流的熱火——你們最本質的內心交流。

大多數人對於如何發展男人或女人的文化，都有自己的參考點。清楚界定男人與女人的文化，可以為我們的關係提供必要而且很重要的元素。

男人的文化與女人的文化，本質上並非為了孤立彼此，而在區分男性特質與女性特質（雖然這種互相排斥的區分，是我們必須通過的階段）。實際上，男人與女人文化的本質

應該是「滋養」，而且確實不一樣，男人為男人，女人也為女人，兩者無法替代。這樣的說法不是偏見，而是簡單的客觀事實。

男人一直認為，很容易從女人身上找到這樣的滋養。但是，如果男人想從男人身上得到這個滋養，他們就必須像與女人相處一樣，與男人發展關係——除了「性」這一部分。所以說，為了成就理想的伴侶關係，一個人必須與同性發展關係，用與同性交流的態度，與自己的伴侶相處，這樣才能為男人與女人的文化多增添一些光明。只要深切感受到真心的交流，我們就有能力真正欣賞男人與女人的文化，也就是說，有能力了解其中的意義以及那樣的文化如何「餵養」我們。男女有別的文化，是為了讓男女獲得自由的文化，特別是，這個文化氣氛講究的是真正的親密與連結，而不是一群只是住在一起的人。只要你能從同性的關係中體驗到自由，就能把當中的精髓運用在伴侶身上，而且熟能生巧。其中當然有許多細節，但是我們只要抓到重點就很受用了。

36 不是整合，而是讓陰陽互相流動

男人創造，女人被創造。實際上，男人不能在創造的過程之外獨存。亞當與夏娃的神話說，女人是從男人裡創造出來的，實際上正好相反，上帝先創造「女人」，有了「女人」之後再創造男人。如果你是男人，而且正想要成為充滿男子氣概的大男人，聽到男人是從女人裡創造出來的，可能讓你馬上清醒過來。實際上，凡是男人的都要歸功於女人。除非男人真的能感激女人，把任何事都歸功於女人，也就是說，讓女人能夠在關係中表現出生命太極中的陰性，否則男女關係不可能成長。

宇宙是變動的整體，不是靜態的。宇宙的動態來自於陰陽兩極的消長變化，太極裡的每一個創造元素既是象徵也在實際運作，男人與女人——生理的男女性別——就是宇宙太極的象徵。基督教的「上帝」與「魔鬼」就是兩個極。對基督教而言，「上帝」是男性的陽

極，「魔鬼」則是女性的陰極，這也正是為何有些基督徒會身心失衡的緣故，而忝不知恥的父權制度更不用提了。因此，許多所謂「有組織的宗教」，在潛意識裡是憎恨女人的，這太明顯了。

許多治療學說假定，我們必須整合身上的男女特質，成為調和的整體。但是，我的了解與他們不一樣，因為意識或存在上的男女特質是完全不同的東西，根本不可能整合。我們只需清楚體認兩個極的各別特性是什麼，這份體認能讓我們更有能力以沒有衝突的方式發揮兩極，然後建構一個比單一極性更大的存在體，或是建構一個不讓極性孤立的存在體；這個存在體不是整合性的包含兩極，而是以更廣大的容量運用它們。在這個過程中，的確有某種東西被創造出來，那是兩極為創造與可能性提供的能量，而不是兩極合併的第三股力量。基本上，調合或整合是實質上充分顯用各極的力量，而不是形式上的合併。

一個已經建立的前提是，創造即演化，而且，無論做什麼都是創造，都是一種演化。我們可以在覺知的層次上參與演化，可以用服務的方式參與，或是順應大化之流；換句話說，我們的角色可以是支持性的，或者不支持但也不排斥。另一方面，我們對於男女極性的覺知，在演化的過程中並不是關鍵，因為努力成為男人或女人，與終極的神聖進程沒有太多關係（這個神聖進程更宏大，整個演化過程不會等待我們）。但是如果我們想要參與這個過程，就要覺知並了解男性或女性的驅動力。極性或太極是本，包括我們的存在與覺知。「上帝」就是所有創造的本源，無論我們是否有此認識。

極性是存在的，不論在我們身上或是在更大的架構中。在某個層次中，極性是我們的完整心理結構：它可以解釋為什麼我們會害羞、攻擊、憤怒或缺乏安全感。在另一個層次裡，超越之道就是要通過極性的驅動力。

男性特質與「本相」（matrix）有關，所有的東西因此而產生（濕婆）；女性特質則與「殊相」（form）有關（夏克蒂）。男人「隱」（consciousness），女人「顯」（manifestation）。「隱」是基礎，但沒有實質，所以它不是某種東西，而是東西之所以產生的本源。「殊相」能「顯」，它們是「存在」，是實質的東西。

兩極都具有各自的特定性質，能夠推動人的性格，也有助於超越，因此，它們形成了所謂的男性特質與女性特質。

了解這些之後，你可以開始區辨極性的內涵，不必皓首窮經研究，只要抱著平常心學習，張開眼睛看看自己與周遭的世界。這就是葛吉夫所謂的「自我觀察」。如果你觀察自己——感覺到身為男性或女性的特質，感覺到自己與別人性格上的差異，也感覺到這是你存在的一部分——那麼，經過不斷的練習，你就能界定何謂天生的男性特質（陽），何謂天生的女性特質（陰）。

通常，對於男女特質的本能了解始於青春期。但是在我們的文化裡，很少人有這樣的經

驗，可以區辨它們的不同，因此，這些東西沉到潛意識，無法成為可運用的資源。對成年女性來說，對這些東西的了解，最貼近的狀態應該就是經期。難怪一些譚崔法門認為，在女人的經期中發生性行為最好，當然，也有許多「新時代」的修行社區會告訴你，這段時間應該避免性關係。實際上，在很多傳統文化中，女人在月經期間是完全遭到隔離的，這真是可惜的損失！這種避諱與隔離，是一種全面的壓制，壓制女性特質，同時也壓制感性的右腦。

基本上，如果讓「順應天命」成為生命動力，那麼我們就能找到男女化學作用的最佳平衡點。如果讓「自我」主宰生命動力，那麼，遲早將製造出一堆麻煩。假如我們的結構沒有變化，沒有流動；假如我們沒有在極與極之間移動，如何與神性有所關聯？

心理治療可以軟化我們，拆掉我們的心牆。我們需要展現男性和女性特質，讓能量互惠流動。能夠做到這一地步，我們就會有時候非常女性，有時候非常男性，有時候則男性女性兼具——但是「自我」在很多時候卻不會讓我們這樣展現，若有，也是有自我目的的策略，而不是順應自然。

男人與女人如果想在關係中彰顯兩極的流動，所有的個人問題必先解決，至少不可以糾纏不清。所謂個人問題包括：性的問題、擁有的問題，以及空間的問題。例如，「這是我最喜歡的椅子，你不准坐。」換句話說，前三個脈輪的所有元素必須沒有問題——不再有神經質的要求與偏離的表現。

所以當代社會有一個很有趣的現象。我們有所謂的男性文化與女性文化，可是男人卻無法表達或活在他的「本相」之中。事實上，活在這種文化裡我們沒有這方面的相關知識，因為教育體系沒有提供這些訊息。我們甚至不知道在這些僵化的狀態中，我們還有選擇權。女人也一樣，無法和「本相」連結，因此無法表現出女性特質。兩者都沒有和相對應的極性連結，反而造成一些亂七八糟的現象，例如憎恨女人、父權統制、精神錯亂、心理麻木等等，難怪我們一直覺得挫折、空虛。女人的本性無法彰顯，無法正確表達出來，因為找不到可以產生關聯的男性本質。我們所擁有的女性文化是無根的，因為父權文化否定這個原始根基，否定軟弱、憤怒與恐懼。

偶爾，一個女人「不小心」成為真正的女人，原因很簡單，女人具備了女性特質而剛巧發揮出來，但是西方文化不鼓勵也不欣賞這種可能性，因此大家很難認識到這樣的特質。

真正讓我印象深刻的女性文化是在印度。但現在也漸漸式微了，因為這個國家愈來愈現代化，愈來愈多競爭與貪婪，不過還是看得到清晰界定的女性文化影子。

過去的歷史傳統，印度女人被視為財產，五、六歲時就有婚約，伴侶的選擇都是由父母做主（目前鄉村地區仍然盛行，大城市就比較少見）。印度女人有很多限制，自由的可能性完全被綁住（大城市例外）。

在美國，女人可能是電氣技工或計程車司機，但是印度女人如果開計程車，很可能遭槍擊。結果，印度的女人文化演化異常豐富和充滿潛力，而且自給自足，女人可以充分實現自己，不必覺得自己無能為力，也不會被男人虐待。最令我印象深刻的就是農村婦女的開朗，包括身體上的開朗與穿戴金飾的明亮，從這當中我看到了力量，女人們不會因為男人將她們視為財產而畏畏縮縮。在西方社會，仍舊有很多性別間的紛爭與競爭。我在美國或歐洲看不到印度文化中女人的那種力量，也許在某些歐洲國家還可以看到，但是在美國則完完全全不存在。

37 成為男人不是父權主義，而是了解男性能量

二、三十年前，男人真的是「大丈夫」，對於女人不僅不敏感甚至毫無感覺，當然，對於這樣的現象女人也很反感，結果造成風起雲湧的女權運動。現在，男人正努力探觸自己女性特質的一面，希望能夠柔軟一點、溫柔一點、體貼一點……不過，最近詩人布萊（Robert Bly）發表文章指出，這些「理想的好男人」沒有能量。

布萊每到一個地方都會與兩性伴侶交談，他觀察到，男性伴侶的模樣幾乎都是理想的好男人：溫柔、對女人負責、溫暖，也都能照顧到自己的女性能量，而且，認同女人的觀點，不論這個觀點是個人的意見，還是整體的女性文化。但是，這樣的男人沒有能量，沒有活力。布萊說，這種現象非常糟糕！

布萊寫過一本很有分量的書籍《鐵約翰》（*Iron John*），融合了意義深遠的童話與神話

原型。其中有則故事叫〈鐵男〉（The Iron Man），源自於格林兄弟所收集的童話，故事內容是說：

村裡的獵人一再失蹤，前去搜救的人也一去無回。一名外地獵人進村後問人說，能不能聘他為打獵助手？但村人告訴他，所有的獵人都莫名其妙失蹤了。於是獵人帶著他的狗往眾人失蹤之處而去。

來到湖邊，突然一隻生鏽的鐵手從湖裡伸出來，抓住狗，拖進湖底。看到這詭異的一幕，獵人心中有了主意，他急忙趕回村落，要大家帶著水桶，到湖邊慢慢舀乾湖水……湖底竟然有個巨大、全身生鏽的鐵男——十五呎高，長髮直落腳踝。眾人抓住鐵男，送到國王那裡，最後這個鐵男被關到大籠子裡。

國王有個小兒子，一天，小孩玩金球的時候，球滾進關鐵男的籠子裡。於是鐵男對小孩說：「想把金球要回去嗎？」

小孩說：「想。」

鐵男告訴他：「那麼，你就必須進來籠子，跟我一起。」

小男孩非常害怕，哭著跑開。但是他非常想拿回金球，第二天又回來，開口問：「可以把金球還我嗎？」

鐵男說：「如果想要金球，你必須進來，跟我在一起。」

男孩說：「怎麼進去？我穿不過去，而且我也沒有鑰匙。」

鐵男告訴他：「我知道鑰匙在哪裡，就在你母親的枕頭下。」

終於，男孩等到有一天父母外出，他從枕頭下拿到鑰匙，打開籠子。鐵男依照約定，把金球歸還，準備離開國王的城堡，男孩叫住他說：「你不能離開，如果父母回來，發現我把你放走，真的會殺了我！」鐵男回答說：「既然如此，你只有一個選擇。如果不想被父母殺死，只能跟我走。」小孩同意，鐵男立刻把孩子提到肩上，一起逃走。

布萊用現代男人失去了某種東西的角度來闡釋這個神話。男孩玩金球在童話裡是常見的象徵，金球代表著童真、自然，以及年輕生命的自由自在。而一頭長髮垂至腳踝的鐵男，象徵男人本色——強壯，而且有必要時會使出力量，近似動物的野性，渾身是勁。但是鐵男面對孩子的時候並沒有危險性，他成為好朋友，與男孩攀談；鐵男沒有威脅孩子或傷害孩子，卻把孩子從父母身邊奪走，於是孩子騎在鐵男肩上。布萊對這個象徵多所解釋，但是，我們並不準備對他另有所指的特別討論繼續探討下去。

如果深入了解鐵男的男性特質，可能會覺得相當駭人，那是原始人與戰士的特質，不僅孔武有力，爆發力十足而且很古老、很黑暗。當男人看到這些東西，可能會說：「我不該

這樣，我不應該攻擊、支配，像野人一般殘忍，我應該柔軟，隨時都充滿感情。」於是，男人否認身上的男性特質，甚至完全壓抑，不僅沒有面對處理男性特質的這部分，還失去能量。

有些男人接觸自己「鐵男」的這一部分時，也許會有某種能量，也許只是像動物一樣，被「鐵男」支配，成為莽漢（確實有很多男人像野獸，雖然說他們具有強大的能量）。又或許，男人面對自己內在的男性特質，而且知道如何健康的表現出這種內在特質。當然，這並非大男人主義——打女人耳光，對女人發號施令，而是終於體會自己內在的戰士，就是所有男人的原始本性之一，不能也絕對不該被忽略（相對的原始女性特質是母性，就是接納）。

如果男人沒有面對這個基本特質，他就是閹割自己。他可能發展出柔軟、了解、支持、寬容等等性格，但是，某種東西不見了——某種非常重要的東西不見了。遲早，這東西會瓦解他的人際關係，因為他會從周遭的人如伴侶、朋友或孩子身上，竭盡尋找那樣的能量。

面對自己的野性與動物性令人生畏，因為其中有殘忍與暴力。可是，誰能阻擋鐵男？鐵男有毀滅性，但是，如果你跟「他」交朋友，讓他發展、信任他……他絕對不會惡意傷害別人，他就是一個戰士。

鐵男不是沒有柔軟的一面，他成為孩子的朋友。雖然傷害許多獵人，但他與小孩成為朋友，把金球還給小孩，把小孩提上肩膀，邀請小孩與他同行。

布萊提到，印地安的「霍皮族」（Hopi）有一種「原始」文化，當男孩長到十二、三歲時，會被帶進「基瓦」（kiva，印地安聚落中的地下空間，通常用來舉行宗教儀式），在裡面待上很長一段期間，培養勇氣，而且將近一年半的時間見不到母親。即使時間一到離開基瓦，也不能見母親。這段過程可以切斷不健康的母子依附關係，讓男孩長大，成為真正的戰士。

時至今日，布萊認為當孩子跟父親走進辦公室，看著父親批閱公文卻不是在打獵，他一定無法理解這樣做有什麼用。男孩就在這個極大的疑惑與衝突中長大——覺得自己的父親很沒用。我們這個以工作為導向的社會已經延續了好幾百年，因此，如果男孩看見父親在土地上工作或修理籬笆，他的感覺會很不一樣，那是一種驕傲感，因為他覺得父親做了不一樣的事情。在我們這個時代，一個孩子完全不了解在小紙上寫一些字，怎麼算是有用的工作。當然啦！知性上他是可以認同，但是在更深的層次上，他的本能、他的身體，會覺得困惑、迷惘，甚至失去方向。

在許多原始文化中，只要男孩長到十二、三歲，就會被帶離女性文化。他們被派去打獵，而且也有非常嚴格的成年儀式（有時候也有女性成年儀式）。

有些文化中，男人會帶走男孩，讓男孩隔離人群三天，沒水也沒食物。然後男孩被帶

回部落，進入男人圍坐一起的圓圈中。整整三天，男孩沒有食物也幾乎不曾闔眼，所以他很迷惑，很想弄清楚這一切究竟怎麼回事。為了期待自己的成年，他受盡恐懼、委屈與孤獨。現在，他被帶進男人圍坐的圈子，激昂的音樂讓空氣中瀰漫張力與活力。所有的男人，一個接一個輪流用小刀在臂上一劃，鮮血滴入碗中，然後遞給男孩。大家鼓勵男孩飲盡，毫無催促與命令之意，大家用鼓勵、支持的方式希望男孩飲盡。這讓男孩覺得，從懂事以來一直黏著母親，現在應該走進另一個人生領域，進入不同於母子親密的另一種關係裡。他會覺得，這些男人將提供另外一種「糧食」。整個成年儀式就是一種非常深刻的象徵，十三歲的男孩將成長為男人。

布萊還認為，當代的世界缺乏男性文化，尤其是西方社會，完全消失殆盡。

38 男人，走上街頭飲食人間煙火

如果男人沒有智慧和清楚的意圖就順服女性氣質，那麼他將徹底陷落虛無，陷落難以界定的知識與意識迷霧。如果，男人完全盲目的順服某個女人，那麼他一定是個大嬰兒——一個需索無度、難以取悅、要求很多的小孩，或是一個情感植物人。這是非常負面的生命——非常陷溺或非常麻痺。但是，如果順服女性氣質時有很清晰的意圖與智慧，那麼便能欣賞女性特質，順服並展現它的殊相和實相。

一個男人如何發展出這種「清晰」？

「走上街頭」（staying in touch with the streets），飲食人間煙火。終極而言，女人無法完全「餵養」男人。一個男人必須「上街頭」，內在的女性氣質才能變得完美。為了讓男性文化充分運作，我們必須真切了解這點。

就巴霧斯傳統的行者而言，「走上街頭飲食人間煙火」又是什麼意思？基本上，他們在街頭「遊蕩」，喝酒、放下一切大聲歌唱，有什麼吃什麼，統統來者不拒；他們也寫詩，也作曲。他們的歌唱與音樂，在街頭展現，也展現了本具的能量。這樣在街頭生活的方式，讓他們體會到「與女性氣質交流」的一面。

如果一個人「走上街頭」，他就能夠更加專心，更有分辨能力。這時候，我們不推薦一個人太白目天真。如果你正在進行某種危險的事情，例如賽車或攀岩，最優先的一件事就是清明與專心。在德國的高速公路開車，假如時速是一百六十公里，你的眼睛一定緊盯道路前面，無暇看風景，當飆到二百公里，你絕對不敢做白日夢！

只要「走上街頭」，即使不完全生活在街頭，你知道，你就要保持專心，否則會有災難出現。你的內心要很清明，辨別力要很強，一點都不能猶疑，也沒有機會自誇。例如電影裡的壞人，他們永遠可以分辨出誰是警察，誰又不是，因為人被逼到絕境都有這種本能。這種本能非常實用，是活生生的，而不是沒有用的心理學放屁理論。這種本能要你剎那處於當下。

只要你處在當下，而且你知道，你必須擁抱女人（女性氣質），那麼，你就會與這股「力量」互動——無論那是個別的女人，或是陰極能量的女性特質，而且，不論你是男人或女人——你就不會有被吞噬的危險。女性氣質會吞噬所有的東西——吞沒一切，這就是它的本質——在演化進程上「容納」一切。如果一個男人很清楚自己的女性氣質，這一點就不會危害他的人際關係，因為「女性氣質」一直被「小女人」的女性心理學所錯誤建構，所以很危險。

一個女人必須跟男人一樣清楚，回應自己的女性氣質，否則會變成「悶包」：碎碎唸加上自怨自艾。女人如果缺乏這種清楚的認識，就會迫害自己，不關心自己的需求、渴望，也不關心別人。你一定見識過這種女人的破壞力，對不對？所以，女人也跟男人一樣，必須開發內在的清明。那麼，女人該如何開發呢？她必須參與女性文化，並且和其他女性保持親密的互動。然而，男人卻不是從男性文化裡獲得內心的清明，因為男性文化有不同的目標，男人必須「走上街頭」，才能獲得內在清明。

現代有很多女性企圖以「走上街頭」的方式獲得清明，然而，這樣做只是滿足自己的男性特質與內心幻覺，對女性氣質無益。有些女人「走上街頭」，感覺好像打了一劑男性荷爾蒙，讓她們搖身變為男人。對男人而言，這事太恐怖！因為這是一種信號，表示很難接近這個女人的女性氣質。這並不是說，女人不准跳傘，不可以從事修籬笆的工作，而是在跳傘、修籬笆之前她應該成為「女人」，這樣，內心才能油然升起某種程度的清明，不會盲目追求沒有必要的男性特質。一個健康的女人，某些男性特質是身心平衡的必要元素，但是放縱、虐待、誇大等男性特質，卻將帶給她失衡與疾病。

沒有被男性特質中的放縱與誇大沖昏頭，卻能成功「站在街頭」上的女人，應該都是表演者。在表演藝術中，一個女人必須是真正的女人才能有很好的表現。這是非常清楚的事情，在表演藝術裡，男女有非常大的差別；可是跳傘時，男女的差別不大，跳傘就是跳傘，沒有陰陽極性。可是表演藝術非常不一樣，特別是電影與戲劇。戲劇的角色安排本身就有男女的分別，但有時候角色的演出則不一定有性別上的區別，例如賽車或攀岩。就能量的角度而言，女人更不容易保持在已經被界定好的女性特質上。

如果男性文化能夠界定得很清楚，而且首尾一貫，那麼，治療團體就沒必要每週聚會一次。如果男性文化界定得不清不楚，那麼，男人的支持系統應該考慮這個：「走上街頭」，讓男人因此清楚觀察生命中的能量，而且在觀察之中變得清明。

內心的清明將讓男人與女人變得非常成熟，並且能夠感受到他們各別男性和女性文化的能量。但是，如果少了這種清明，文化也許能夠提供支持，卻會失去鍊金的能量。如果有鍊金的元素，那麼，文化就能夠提供超越的環境，也是更大的狂喜之源，因為，轉化所必備的養分都在裡面。

39 女人想要的是讓她成為女人的男人

當女人望著男人，吸引她的只有兩樣東西。其中一樣就是雄性氣概，或者直接說，強壯的生殖力。當然，這樣也很棒，只不過，如果更深刻的關係要素沒有被滿足，情況不會持續很久。對強壯生殖力的熱情，最後往往以挫折、感情衝突、憤怒收場，它永遠無法滿足女人內心深處的需求，除非那女人沒有意識，像石頭一樣感覺遲鈍。對任何有感情的女人而言，強壯的生殖力當然非常有魅力，但是對於找到深處女性本質的女人而言，仍然差一大截，仍然不夠。

所以，怎樣才夠？一個情感敏銳的男人嗎？一個能夠表達感情的男人嗎？還是，一個能夠尊重女人感受的男人？通常，有這些表現的男人都很缺乏安全感，而且軟弱，他們往往與自己的男性氣質切割，甚至變得頗不健康。對女人來說，男人的敏銳情感與感情表達，

過了一陣子之後依然不夠。沒有多久，女人的陰性本質一定會渴望另一極——陽性。所以，吸引女人的第二樣東西就是真正的「柔」（vulnerability）——用我的術語來說，那是「生命的純真」（Organic Innocence）。男人有什麼能夠讓女人愛得又深又真？奉獻——在真正而且實在的男性氣質土地上長出來，在態度和性格上表現出「生命的純真」。

在人類的國度中，沒有奉獻就不會有真正的順服。男人（man）不會順服，除非他是真正的「男人」（Man）。如果男人缺乏安全感，很虛榮或很虛無，他就不可能順服，也不可能表現出純真與奉獻。女人本能上可以感覺到，不懂得順服的男人，是一個讓女人「無法成為女人之所以為女人」的男人。這樣的「成為」不是神經質的需求，而順服的男人，並不是被女人統治或控制。

沒有這樣的男性文化，再怎麼學習「順應天命」，也沒什麼意義，也無法改變什麼，甚至連立足之地都沒有。

所以，女性文化（隨之而來也包括兒童文化）的關鍵就是男性文化。男性文化必須恰如其當的站穩、踏實，女性文化才能從另一「極」流動，形成真正的兩極互動。然後，兒童文化能夠反映出成人文化的影響。這是一個良性循環：成熟、發展、學習，不再與稚氣未脫的自我爭奪不休，讓自我騎在應有的成熟之上。這就是一個覺悟文化所表現出的意境。

40 男人必須容納90%的女性特質

通常，男人會覺得「沒有女人活不下去」，有的男人甚至乾脆明白說出來。這種說詞可能是一種神經質強迫症所引發的緊張，也可能是，直覺到女性能量。

如果少了女性能量，沒有「女人」，我們沒有一個人活得下去。這時候，「關係」不具任何意義，因為宇宙少了一「極」。由於我們成長的文化從來沒有好好了解這件事情，所以把對「女性特質」的需求偷天換日，變成對配偶或性伴侶的需求，把關係中的空虛，講成「阿尼瑪」（anima，男性內在的女性氣質）的作用，並要找尋性愛或母愛。實際上，這樣的驅力非常耗費能量，讓我們無法從強迫與互相依賴的伴侶關係中，發展出深長而久遠的情誼。這是很大的悲劇。

「女性氣質」不會只呈現於單一個體上。如果男人認為，某個特定的女人是他唯一女性能量的來源，缺少這個女性能量他會死亡——精神與靈魂的死亡——那麼，當他與這位

特定的女人在一起時，永遠會充滿緊張。這個女人對他來說就是呼吸，沒有呼吸就活不下去；沒有這個女人，他就會死，這樣的關係永遠是緊繃的。

男性層面的創造是觀念上的，是純粹的知性；女性層面的創造是形式上的。因此，這個宇宙的構造形式，純然是女性的。

男人唯有納入「女性特質」——彰顯、能量、創造——才能成為真正的男人。男人必須變成百分之九十的「女人」：這個宇宙本質上就是彰顯、能量、創造，因此，把百分之九十的女性特質納入男人，男人才能變成「男人」。男人必須變成「男人」，女人則不需要「變成」什麼，女人已經是「女人」了，因為我們活在女性特質的宇宙中。

女性特質中確實有一些性格，與接納、照顧、感情脫不了關係。在「觀念」的領域中，沒有感覺這種東西，感覺不存在。所以，成為女人就是把女性特質具體化——不能只是身體上的感覺，例如：好痛！而是某種可以產生體貼與照顧的感情。

男性的文化很難發展，是因為當感覺冒出頭來，它需要被照顧、被接納，可是這對男人而言是完全陌生的東西。男人只懂競爭，也只會競爭，競爭者對「照顧」這樣的字眼感覺很陌生。

感覺是女性氣質的一部分，並且是很重要的一部分。「感覺」會和女性氣質的其他部分一起展現，其他部分卻不會像感覺一樣，能夠促發所有的特質。所以感覺是女性特質的關鍵。

41 女性和男性有不同的特質

女人的自在和柔軟

基本上，要成為女人有兩大條件，男人也是如此。我們先來談談女人。首先，女人會為她的女性氣質（或女神）負責。她將很感性、很多情、很熱情，活潑亮麗，也綿綿柔情。但是，對於「不解風情」，無法感受到女人這些內在特質的人而言，會覺得那是一種「自大」。即使沒有「性生活」已經五年，或比如說已經十年了，這樣的女人依然亮麗動人、很有朝氣，每天散發迷人光彩。

任何曾經接觸過自己真正本質的女人，一定會同意我的描述。這樣的女人懂得往內找尋，男人也是這樣。能夠往內找尋的女人會展現強大的生命力，但這種力量常把男人嚇跑

——除了傻子、動物或真正的「男人」（會停下來注意一下）。

在英語的語文中，無法細膩描述真正的「女人」是什麼，不像梵文或其他語文，能夠如實反映出「女人」的內涵。我們的文化在面對「生命」與「喜樂」的真實元素之際，反而變成啞巴，心胸大不起來。

要讓真正的女性氣質呈現出來，必須挖掘女性天性與靈性上的力量。展現這樣的女性氣質時，女人不用在外表展現，就能讓人感覺到某種自然的「野性」能量，這樣的「野性」深深根植於女人或女神夏克萬的本質，根植於女人身體的每一顆細胞，這不是「假的」，也非神經質的某種反應，而是對女性特質的回應。如果一個人只關心他或她的人際關係，只在乎分離的痛，只想到自己，那麼這樣的人就不是在回應女性特質。

衣服、化妝品、勾引的行為，都不可能讓女人成為女人。知道、感覺自己是真正的「女人」，不必用男性作為參考點，也就是說，不用吸引男人，也不需要男人。

在轟轟烈烈且戰雲密布的女性主義運動中，我們常看到充滿自信也充滿陽剛氣的臉龐，但是卻少了一絲協調的柔軟。而常見的相反極端就是軟趴趴的自我輕視，「我是不得已的」，然後，只要這個女人想要什麼，沒有得不到的東西——名貴化妝品、名牌服飾、高貴的珠寶……苦哈哈的女性主義者不吃這一套，因為再怎麼高雅名貴，都是金錢的奴隸。

現代的許多女性看起來都充滿自信，不過，因為她們都是長官、老闆。也許，她的部門底下有四十多名下屬，她發號施令，僱用人員也炒人魷魚。她們的年收入有六、七萬美元，男人賺的錢只有她們的一半。她們有證券分析師的架勢，銀行戶頭比辦公室的任何男人還多，或者，她們在家裡的「階級」不輸任何人。這是值得驕傲的成就，能夠在父權制度中出人頭地，不過，這不是女人本性。

今天的女人不願意成為男女關係中的女人。她們不願意照顧、接納，生活重心在展現自信，表現力量和權力。實際上，這個時代已經沒有多少「女人」了，只有很多女性的身體，想要「和男人一樣」，訴諸「男女平等」，爭取法律、道德、經濟上的平等。

在原型之中，男人是獵者，女人是心的守護者。本質上，男人只是獵者，而女人卻提供整個文化與環境。濕婆什麼事都不用做，他只是坐在墊子上或蓮花上冥想，然後口吐真理之言；夏克蒂什麼事都要做——創造美好的居家環境，提供文化與各種東西，包括靈感。

夏克蒂就是「萬有」。但女人不坐看萬物，卻想支配男人。今天，女人的性意識已經崛起，力量愈來愈大，男人從來沒有這麼無力過，因為男人害怕女人的這個能量。女人會說：「我要在上面！」她們所指的不只是性姿勢，而是全部！

許多修行團體並不了解女人要如何處理這個潛在的豐富性能量——「讓步才能征服」（Give in so as to conquer），如果妳想真正掌握男人，讓步。千萬不可這樣：「如果這次你不聽我的，大家算了！」

讓步，男人就無計可施。順著他，然後妳就可以期待很多東西——即使奇蹟都可以。「讓步才能征服」是柔道的祕訣，也是「贏」的心法。如果妳真的想贏，如果妳想掌握情境，就必須讓步，讓情境轉化，化解自身的限制與阻力。如果妳好好發揮這項心法，奇蹟真的可能發生。

對任何事都要掌權，並不妥當。想要贏，想要控制任何情境，必須透過無可救藥的柔情，以及絕對堅守的溫情。史上把這項道理發揮得淋漓盡致的女人，就是最有力量的女人。真正懂得「讓步才能征服」的女人，甚至能使最偉大的詩人、最偉大的作家和最偉大的戰士都放下身段。

女人必須用毫無傲慢與接納的態度去了解這項事實，所以她們的權力往往在王位寶座背後。她們必須在本質上心照不宣了解這件事，而不是用偏執的「自我」自命不凡。一切都那麼明顯，明顯到不行。

假如女人對於權力在王位背後這件事不滿，想直接坐到王位寶座上，麻煩就來了。這正是今天我們所面對的問題。

特別是西方世界，基本上，男人只是跟在母親身旁的「不成材」，「是個人物」的男人少之又少。男人不明白他們的男性特質究竟是什麼，反而，想要王位背後的權力！正因為男人反其道而行，所以不斷施加暴力在女人身上。

男人必須願意承認，「女人」才是在王座背後的權力，而且更要用崇敬的心看待這個事實，不能只是說：「喔，我會投男女平權修正案一票。」這只是私人性的體貼，是親密的尊重，而不是公開性的讚揚和崇敬。

女人一定要受到膜拜。少了女性能量，這個世界就不能創造。

「女獵人」也是女性特質的原型；那也是一種戰鬥的力量，可是卻不會單獨「捕獲」特定人選。女獵人的這種戰鬥原型是「普世的」，她們的戰鬥對象是懶怠、幻覺、懷疑、迷惑，以及女性特質中的無知。女獵人的這個戰鬥力不同於一般的戰鬥力，一般的戰鬥力只是徒有獵人的外表，所展現出的是內在的神經質與不純粹，那是懷恨、私心、報復，也有可能是種族歧視的傲慢。

掌握到女性本質的女人，會有兩種模樣。第一種模樣，我舉例來說好了，就是睡覺時在床上手足伸展，她們的腿自由散開，雙手攤在體側。這種睡姿的女人不擔心自己的睡眠品質，也不會因為壓力或緊張而驚醒，或是難以成眠。她們睡覺時不會像胎兒一樣蹺曲著，或雙腿交叉，雙手置於胸前，好像很冷、很壓抑。

另外一個模樣就是完全放鬆，非常柔軟、圓潤、安靜，從容不迫——包括聲音、身體，還有眼神與體態。之所以這麼柔軟是因為她們受到「愛與順服」的眷顧與祝福。這樣的女性能量是「融於內」，而不是「顯於外」。

女人，真正的女人，她們的能量不是向外散發——向整個世界散發、向已知與未知的宇宙散發——就是向內散發。她們不會朝自己散發，因為「真正的女人」沒有自己，她們的「自己」只是因為語言與溝通的方便而立說的。能量「融於內」的女人應該是心靈的照顧者，不是戰士。

無論是「融於內」或「顯於外」，沒有誰比誰更好的問題，完全只是表現方式的不同。能量「顯於外」的人，她們的內涵不是由「神唯一」（God-only）所界定，而是由「唯一神」（Only-God）所界定。這兩者的差別在於，「神唯一」是「內在的絕對」（Immanent aspect of the Absolute，由個人所親證的神，也就是說，在創造之中或透過創造體驗神），「唯一神」則是「超越的絕對」（Transcendental aspect of the Absolute，無所不在的宇宙創生原則，超越個人的理解，也無法被描述）。

如果女人想得到自己想要的東西，非得好好了解這兩套運作方式不可。有些女人看起來柔順、退讓，非常甜美，可是她們的爪子比老虎還銳利。我想說的是，在這兩套運作方式之外的女人，都是神經質在主導，雖然說兩套標準的中間地帶仍有某些程度的超越效果或可能性，但無論如何，就是有些東西尚未完成，而且在生命的表達上仍有些阻隔。如果一個女人想要與男人「平等」，並在「男人的世界」中打滾，那麼剛剛我提到的兩個標準就不適用這種女人。世界上沒有平等這回事，除了神性。男人不是女人，女人也不是男人，而且永遠不會一樣。

完全順服於「陰」的接納性會展現為徹底接納或徹底狂野（夏克蒂），因為這兩者並非互相排斥的，在各種環境中甚至有各種樣貌。

男人的清明和內斂

為了讓「女人」進入這兩套存在機制才不會煩惱叢生（非生理上的進入，而是心理和情感上的進入），「男人」也必須有兩套運作方式，其中一個是男人必須清明。

看著男人的眼睛通常可以很快了解到他的「男性深度」。眼睛會毫不掩飾顯現一個男人的清明或混沌（cloudy，我並不是在說虹膜或眼白是否混濁。大家應該很清楚，因為大家看過非常多的眼睛）。清明的眼睛發亮，清明的眼睛閃閃動人，清明的眼睛不會罩著一層薄霧，而是非常清澈，顯示出這個人的正直，他不會斜著眼偷看女人，眼神也不會充滿邪念。

有些男人看起來很高雅，不管他們身上穿的是什麼，因為他們有澄澈的生命內涵。最近一名已經很老的電影明星接受專訪時被問到：「你現在還能吸引女人嗎？你的上一部電

影，造型看起來那麼老，又矮又胖，無精打采，拖著腳走路……」

他很自信回答說：「是的，我當然可以吸引女人。女人不喜歡在沙灘蹦蹦跳跳的男生，這樣的男人乏善可陳。女人喜歡知道自己是誰的男人。」老影星繼續說：「我知道我是誰，這就是我的吸引力，外表根本無關緊要。」

這段話指出了「男人」的生命本質，那並不是膚淺的自信。當男人在男性氣質的生命內涵中知道自己是什麼人，他本身就散發出高雅。「男人」的存在本性就是高雅的戰士領袖，而且他知道自己就是戰士領袖。他就是這個樣子，不必擺姿勢或裝模作樣。

另外一種成為「男人」的方式就是「內斂」（invisible）。內斂是更上層樓的高雅，可惜大部分的人指認不出來（因為大家忙著找尋「國王的新衣」）。內斂是一種自然而自發「融入環境」的能力，好像原本就屬於這個環境。這樣的男人極為罕見，因為靈長類的雄性相信，內斂就是軟弱，毫無男人味。殊不知，男人的這個柔軟正相對於女人的柔軟。這樣的男人會膜拜內在的女神，而外顯型的男人則大張旗鼓的膜拜他們的「唯一神」。

用這種方式膜拜內在的女神，就是順服於「她的請求」、「她的能量」，對「她」讓步。不過這並不意謂「眼睛發亮」的男人對於女神沒有反應，而是這樣的男人的焦點比較在普遍性而不是個別性上。

一旦人掌握男人或女人的存在本性，他或她就不再迷惑，不再缺乏安全感。

讓我再做最後的澄清，男人或女人並不是透過方法，也就是我提到的兩套運作機制，然後成為真正的男人或女人。不是這樣！我對上述兩套機制的描述只是在「界定」真正的女性特質與真正的男性特質。那些運作機制不是「方法」，不是你應該「試圖」做到的；而是你「發現」到原來那才是你真正的自己。然後你非常放鬆，照見很多與真實存在無涉的壓力和迷妄，這些東西在你的覺知下褪去，然後，你便進入你的本質。

42 不管男人或女人，都要「成為女人」

男人，讓「女人」帶領你跳舞

男人可以藉著「成為女人」（becoming Woman）發現自己內在的女性特質。「成為女人」並非指穿著女人的衣服，或動作、表情有如女人，雖然說這個方式確實讓有些修行人展現轉化。我所謂的「成為女人」不是模仿女人，而是有非常不同的內涵。

「成為女人」的最簡單方式，就是開始觀察「女人」。現在，如果你看著一個女人，並想從中找到「女人」，基本上你忽略了許多關鍵。對男人來說，要觀察女人，他必須非常清楚基本的女性特質與雌性靈長類行為之間的差異，也就是說，清楚角色定義所帶來的影響。

如果只看到女人的外在行為——在現代是指挫折、獨立與「我們與男人平等」的表現——那麼，你可能漏失重點。為了了解「成為女人」是什麼意思，你必須觀察在那些表象下真正重要的東西，也就是說，注意「真實」，而不是只看到情緒渲染下的表現。比如說，如果你有機會看到女人在化妝室照鏡子，你很可能觀察到真實，因為這時候的女人非常放鬆；而且，當女人看著鏡中的自己時，幾乎是最接近真實自我的時刻。

你必須開始觀察女人，同時讀懂表象與真實，然後才能感受到女性氣質的原貌，而不是只看到訓練出來的知識、培養出來的習慣與涵養出來的文化。

男人「成為女人」比女人「成為女人」更容易；一個女人認為她已經是「女人」了，而實際上她只是「一個女人」而已，所以說女人要「成為女人」更不容易，因為整個環境讓她以為自己已經是「女人」，就像大海中的魚不知口渴為何物。所有的男人必須在眾多女人中看到真正的「女人」，而且由衷從內心深處把所看到的「女人」氣質吸納進來，這才是漂亮的「接觸」。

如果你不懂得跳舞，女性氣質將教你如何好好跳舞。對男人來說，讓女人帶領跳舞，直到男人學會如何帶領，這不是什麼壞事。除了向女人學習之外，男人還有什麼方法學會帶領？我在討論的學習對象不是「一個女人」，而是「女人」——女性氣質。讓女性氣質教你，而不是只由某個女人教你，這時候你不是從「一個」女人身上看到、學習到。女性氣

質將教你跳舞，「她」是舞者。

男人需要了解女性特質如何在情境中發揮影響力，了解在情境中的女性心境。心境並非外顯出來的心情，如安撫、滋養、母性、接納等，也不是展現出來的舞蹈。心境是，聽好了——「舞蹈中」的接納、母性和滋養——聽懂沒？重要的不是舞蹈動作，而是舞蹈本身，而是舞蹈中的當下。

女人，問自己「何謂女人？」

母親與孩子間的教養和女人與伴侶間的接納，這兩者一定有差異，但有差異一定就有相似。只要女人問她的伴侶，她是不是像「母親」在養育、照顧他，從他的回答中就可以準確了解，他們之間的愛是否不平衡。

男人對於這個問題非常非常敏感，因為被母親好好照顧的男人少之又少，因此他對這個問題將嚴肅以待，而女人對這個問題必須好好處理，不要讓男人覺得受到諷刺而反彈。

女人應該好好思考，不要一直問：「母親應該如何如何……愛人應該怎樣怎樣……主內的人，照顧的人又該做什麼……」而是一針見血直指核心：「何謂女人？」注意，問題不能是「何謂一個女人？」一個女人只是一堆心理動機與人格特質的集合，捉摸不定，而且，當一個女人知道她是誰，她頂多發現自己愛吃中華料理更甚於印度美食，或者，在親蜜動作時她更喜歡在上面，而不是被動躺著。可是，當一個女人發現她是「女人」，就會很清楚知道，她是非常不一樣的創造物。

女性能量的特質完全不受心理預期與心理投射的影響，不會精神錯亂，而是以「女人」、「女性特質」的態度回應任何遭遇的環境，完全不受世俗任何角色定義的影響。所以首先要思考這個問題，「何謂女人？」（What is Woman?），這是非常精準的語言。不管妳是帶點推測在思考這個問題，或想著它的暗示，甚或有點分心——都請抓住這個核心問題：「何謂女人？」這句話就得這樣問，容不得任何的刪減或更動，只要有任何一丁點的更動，妳不知道結果將有多嚴重！

第二，用這個問題問形形色色的女人，將會是很有趣的經驗。「何謂女人？」她們可能會回答：「妳知道的，女人就是媽媽……還有這個、那個……」這時候妳說：「不對，不對，那是某個女人，那是一個女人，請問何謂女人？」

如果妳親自去問很多女人，最後一定會發現沒有特色的答案居多，可是在沒什麼新奇的回答中偶爾可能爆出例外，有人可能在某個時刻特別放鬆，神奇吐出真言，她的回答絕對是無價而且非常有啟發性的珍寶，是我們一輩子值得記取的生命動能！但是，妳一定要事

先準備好，這種韻味無窮的答案隨時可能出現，妳一定要準備好，免得漏接。這是一種非比尋常的語言，妳必須用「感覺」穿透語言，用妳的心與靈魂抓住這句真言。

當一個女人發現「何謂女人」，這項發現將超越一切的個人性格，超越所有的個人私利，超越個人有限的表達與了解。

「成為女人」的男女，沒有了「我」

「如何成為女人」不是方法性的建構，成為「女人」不能有「我」；「女人」是接納，基本上，接納無所不容，不能有「我」，這是一種擁抱，不是對抗。

所有的事情如果有「我」，就會有對抗。「我是這個，我是那個；我要這樣，我要那樣。我是關係中的一分子，我幫你煮飯做菜。我應該受你關心、被你尊重……」就像當代流行的女權運動心理學所主張的，「妳值得十七次的高潮！」她們是這樣宣傳的：「妳至少應該有一次高潮，當妳有了這一次，親愛的，以後就沒有限制……妳應該被細心呵護……」訓練女人自我伸張，或是任何事都要抬出一個「我」來，這不是接納，真正的接納沒有「我」。

每一次提到「接納」，總是有女人質疑說，如果用這種「無我」的態度對待男人，一定會被欺侮、被壓得死死的。當然有可能，然後呢？一輩子像狗屎一樣，被輕賤、被糟蹋，孰可忍孰不可忍！這是很有力的質疑，怎麼辦？

首先，如果你想成為「真正的女人」，就必須有「某些」成為「真正女人」的東西。你必須擁抱某些東西——就像「真正的男人」——如果你想徹底接納的話。

第二，我提到的觀念必須以實際的情況來思考。就像現在，我們並不是指做愛這件事，我們正在創造問題：「何謂真正的女人？」或「為了遇到真正的女人，我如何先成為真正的男人？」在某些場所中提出這些問題是很恰當的，譬如下次你正在「做愛」時——這裡指的做愛，是一種特殊的愛意行動，而不是生理感官的「摩擦」。你可以跟小孩子「做愛」，也可以和朋友做愛的交流，當然，這兩者還是有不一樣的地方。

不必找尋技巧管理你的能量，只需覺知當下的情境，我們所創造出的問題應該放在內心醞釀，然後，當機緣成熟，就有什麼東西跳出來。好好的醞釀，然後你才會知道醞釀是什麼道理，就這麼簡單，缺少醞釀，什麼東西都跑不出來。

這一切就是現在我所說的重點所在。太多的調味料反而壞了一盤好菜。任何我們想真正明白的事情，一定會化成「問題」（question），醞釀……這就是禪門的「心印」（koan）。如果說，重要的問題還沒有消化，馬上就得到答案，那麼這個過程就很不自然。我們都不

想囫圇吞棗，沒有消化的食物很不健康；食物就是要經過消化，化成養分，排出便便，這個完整的過程非常重要。如果漏掉某個部分，那你的麻煩大了！

如果有人以「女人」為心印，而且整個「成為女人」的過程開始發揮效用，所有的脈輪將自然而然同時和諧運作，才不會出現許多瑜伽經典所描述的經脈亂竄。這整個過程完全順勢自然，不需要特別的觀照、調心或淨化。

當然，你也可以用調整脈輪的方式，去體悟「成為女人」。此時，你必須放下意念，從有為變成無為，順著自然發展，才能掌握「成為女人」的真髓。

當一個人發現了「女人」，他將自動發現「男人」。這是一種同步的體悟，因為「陰」與「陽」雖然有別，卻不能單獨分開而存在。

整個任務——「成為女人」——對男、女而言都是一樣的，只有效用不同。要讓我們的內在「順服女人」不可能有任何方法，因為這不是直線累進的過程，而是「就是去做！」所以是「心印」。你就是順勢而為，做下去，做下去……然後某一天，豁然開朗，你進去了，而且知道這一切都是真的。

男人與女人找尋「女人」的目的不一樣，因為男女的「極性」不同，一陰一陽。於是你們或許會問：「為什麼女人不用找尋男人？」我的回答是：「女人就是一切。」所以，她幹嘛找尋男人？

43 女人輕視沒有「男性能量」的男人

任何的關係一定是極與極的遊戲——男與女、陰與陽、正與負，肯定與否定。如果兩個人一模一樣，那麼這個宇宙漲落興衰的創造力量就無法存在，然後，外在的力量，例如社會、政治、宗教或生活環境的力量，就會取而代之。

在兩性關係裡，男人的力量相對較弱。男性同胞們，如果你注意過，可能會發現，幾乎你遇見的每一個女性伴侶，都是關係中的主導者；而女性同胞們，如果妳注意過，也可能發現到，在妳與男人的關係裡，妳都居於主導地位。

如果缺乏覺知或自我反省，女人就會對這個較弱的力量做出原始的反應——以沒有覺知的一面做出反應，這種反應是神經質的，潛意識其實覺得關係已經走不下去了，而不是覺得關係還有無限的可能。

本能上，人在關係中想要的就是基本男性與女性能量的互動。但是，當男人沒有表達出真正的男性特質，女人就不會以真正的女性特質回應，反而會用神經質的態度或心理機制，回應男人的神經質與心理機制。所有的這些反應都是原始的、潛意識的，但是就算沒有表現出來，也會一直影響關係裡的互動。如果男人可以把真正的男性能量表現出來，女人就不會有這種原始反應。但是，回過頭來，這仍需要女人有某種程度的認識，真正認識到自己是「女人」，如此才能以這樣的女性特質看到男性的能量。

關係中最困難的地方在於，女人已經習慣，習慣神經質的反應，甚至當男人表現出真正的男性能量時，她還是很神經質，不斷的玩相同的心理遊戲，似乎已經無法自我控制。當一個女人以生命的純真，去認識一個男人生命的純真，一方面她想建立親密關係，另一方面卻有上述的心理機制反應，結果，她陷入自我掙扎。一個女人不是在十歲大的時候學習到這些東西，而是在嬰兒時期就開始——從觀察父母親的互動開始。

這種對男人的心理反應鋪天蓋地席捲而來，毫無自然表達女性氣質的空間。

那麼，男人該如何對付這種心理機制呢？實際上這些心理機制再怎麼擋都擋不住，唯一的方法只有超越，超越誘發原始反應的行為——而這僅僅只是第一步。這表示男人必須先「修鍊」（sadhana）自己，然後才可能進入關係裡，因為關係裡最終需要靈性的修鍊。男人不應該強調自己力量上較弱的這一部分，免得引發女人的原始心理反應。但具有男子氣概的英雄沒有必要把自己的「弱」終結掉，相信大家都知道，一些最有男性氣概的男人，反而是最脆弱、最沒有安全感的人。通常，無敵的英雄本色只是障眼法，用來掩飾真正愛戀中的柔情。真正的男子氣概，不是激烈、衝勁十足的力量，不是像鋼鐵一般冷硬，野蠻又殘忍，不是的，只有神經的男人才有如此的表現。

如果男人不再表現出自己難以成為「男人」的弱，那麼女人將不會輕蔑冷笑，做出壓倒性的原始心理反應。當這種現象不再出現，女性的純真能量就能表現出來。但是這時候又有新狀況，神經質的男人將對女人的才性光華大吃一驚，覺得相形見絀而變得更弱，結果，惡性循環又再重演。這種可能性非常之大，所以你必須時時刻刻保持覺知。一個男人必須認識男性特質，而且站在真正的男性特質這一邊，至少它出現時要去抓住它！它像泥鰍一樣滑溜。現在我們當然可以談論它，一派輕鬆，但是要讓它開始運作可沒那麼簡單，那是一種生命內涵的覺醒，也是一種「不預設立場的心靈」，一旦男人與女人能夠表達他們的男性和女性特質，以純真的心性表達，那麼性方面的問題就沒什麼好擔心的。但這不意謂每晚將有狂野奔放的大高潮，而是男女在房間內融為一體。什麼是融為一體？如果你喜歡用哲學的角度去思考這個意象，那也沒什麼不好；所有關於性的問題，色慾、化學反應、幻想，統統是生命自然的天性發揮，而且是順應「天命」或「神意」。

當一個男人進入男性的生命天性裡，就有可能不再顯現自己的弱，在關係中神經兮兮，

因為這一切都是他向母親學習的，他向母親學習之後在父親身上得到證實。

所以，就女人的部分而言，她應該採取什麼樣的作為，才不會再讓這種不自然的狀況發生？簡單講——女人應該注意順服，男人則注意修鍊；然後，角色互換，男人注意順服，女人注意修鍊。以某種程度來說，後者對女人不難，因為只要男人做好修鍊，女人的修鍊將是水到渠成；只要男人不再重新顯示自己的弱，或當女人有比較多的覺知和修鍊，也就不會出現原始的心理反應。

44 男人和女人有不同的支配動機

從男人的觀點或是從「既定的男性」觀點，企圖了解女性特質，是不及格的，因為女性特質就是「那個樣子」，不能假裝，也不能被「誤解」——不能用特定的心態去詮釋。有時候，女性特質刻意被曲解、被錯誤詮釋，因為刻意曲解的人有一大堆理由，但這種欺騙能改變什麼？如果我們想了解所謂的女性特質，就不能從觀察者或男人的觀點下手，這些都是外在的視角，是流行的視角，也是權力與支配的視角，我們必須由內在看起。

傳統的父權文化崇拜掌管福祿壽的神明，也崇拜權力之神，希望贏得戰爭，征服遠邦近鄰。而女神的崇拜則與生命的所有活動有關，父權文化在歷史上的某個時代發展出女神崇拜，為的是進一步接近女性特質。「如果她趕不走，那麼，何不利用她來造福我們？」

最能接近女性特質的力量是什麼？性。早期的宗教膜拜中有許多的女祭司，這些女祭司

扮演的角色就是神殿妓女，通常是一年一次，有時候則整年都是；她們很像東方文化中的上師——女神的象徵，也被信徒視為女神的化身。能夠讓女祭司受孕等於取悅女神，讓女神滿足。如果女神很滿意——就等著大豐收，戰爭也能得勝，而且國泰民安，人人健康幸福。

有趣的是，今天「新時代」（New Age）主流的女神崇拜，竟也是「要求」信仰者用這種方式進入女性的能量裡。雖然他們說得天花亂墜，但卻從男性的觀點提出「要求」，想要從男性的觀點進入女性特質。女性、女性、女性，他們口頭上抬舉女人，但行為卻是「男人的命令」。接受這樣命令的女人，跟自己的女性特質漸行漸遠，根本不知道自己在做什麼。她們被男性觀點制約，以為自己在找尋所謂的「女性特質」。這種方式只會脫離常軌，甚至早已出軌。

這樣的男性觀點，偏狹的定義男性和女性特質，強調某種類型才是「女性特質」，夸夸暢言自身的正統、正當和獨特。

女人長期以來一直被男人虐待，失去人性的自我價值感，也失去了神性的女性特質，而這些都是女人必須恢復的本質。我談的這些東西，是女性主義文化後面的驅動力，不過話說回來，對真正女性特質的尊重，來自對男性特質的感激和了解（包括男人和女人），絕對不能是粗糙的命令。

當一個男人邂逅一個女人，基本上他和她的關係是緊急又緊張。為什麼？性在作祟！

不論這個男人多麼世故，多麼穩重，性都是很重要的因素。男人完全陷入對女人懷有敵意的社會結構裡。為什麼男人要從女人那裡得到性？為什麼當中產生了緊急與緊張？答案就是：男人有一種神經兮兮的恐懼感，他想要統治，他想統治「生命」，而這個「生命」就是夏克蒂。

所有以高潮為目標的性遊戲，動機一定不脫緊急與緊張，如果兩個人（或更多人）合在一起是因為高潮，是因為做愛，如果這些就是最後的滿足，那麼愛與交流的更高可能性已死。當男人以緊急與緊張的潛意識動力進入性，是因為恐懼強大的女性特質——不是擔心被統治，而是怕順服在女性特質裡而變得很渺小。

女人也是如此。現代中產階級的女性對於什麼是真正的喜悅不感興趣，雖然也許看起來不是這樣，因為太多的胡言浪語宣導女人能有多次的性高潮，也應該在情慾上滿足自己。但是，在這些的背後，是否認與抗拒。

情慾的感官滿足是流行心理雜誌與女性雜誌的熱門話題，「如果你的男人不能滿足你，讓振動器深入一點。用妳的方式享受更多美好……不必爭吵，沒有感情困擾……不必黏住男人不敢跑！」這不是喜悅，而是涉及支配的問題。如果女人進入性的時候充滿緊張與慌張，那麼支配就是深層的動機，而這個支配指的是，女人想支配對自我能量與自我真實的恐懼。女人害怕了解自己究竟是什麼人，就像男人害怕「成為女人」或順服於女性特質。

45 譚崔性愛，是要知道真女人和真男人

當一個男人與一個女人有了性接觸，照理說他們只會關心一件事情，那就是，男人應該請求女人展示出「女人」的一面，同樣，女人也將請求男人展示出「男人」的一面。

我的意思並不是要大家嘴巴說說，天馬行空暢談哲學理論，把當前美色搞得毫無「性」趣。這件應該關心的事——偶爾跟生殖有關——才是真正性愛的關鍵所在。譚崔性愛的關鍵，就是把性視為一種鍊金術，修此心法的人必須堅持不懈，直到終於「心領神會」（get the real "hit"）。對男人來說，唯一進入宇宙的關鍵，就是「向我揭示女人」。

譚崔的性，就是要女人去除她自認為一個女人應該具備的所有東西——所有先入為主的女性預設立場，才能展示原始的女性氣質。男人也是如此。另外，女人想發生性關係，是因為想要男人展示原始的男性氣質。

從前，女性譚崔啟蒙者知道如何帶領男人入門，這些女譚崔大師知道如何去除人為預設，讓男人不僅看出什麼是真正的女性氣質，也同時讓男人看見自己身上的男性氣質。啟蒙必須來自多年的「拜師學藝」，因為，如果把男人帶入譚崔聖地，而他還沒有準備好，那麼他很可能四分五裂。真的，他可能發瘋，或是恐懼不已，一輩子都不想再去嘗試，然後，永遠找不到「真正的生命」。

譚崔的啟發不是我們一般所了解的膚淺領悟或知性上的探索，譚崔修鍊要去除男人與女人的心理慣性。真正的「性」也要達到這種境界。如果性只是普普通通的愛，那麼遲早會帶來失望與挫折，潛意識的驅動力也將永遠存在。

對進入愛的人而言，性可能是一種特別的愛，可以互相揭示什麼是「真正的男人」與「真正的女人」。如果性只是「證明你愛我……」，那麼最後將以挫折收場。所有性關係裡最重要的，是「向我揭示……」（Show me...），這與一些人格心理或什麼阿尼瑪、阿尼姆斯的鬼扯，有很大的差別。當一個男人跟一個女人在一起，「性」絕對不是這個女人獲得幾次高潮，臉上看起來是不是春心蕩漾，或者叫床的聲音怎樣。

對很多男人來說，撐半個小時……四十五分鐘……一個小時，夠了！好，你做到了，獵物已經到手……然後呢？你開始覺得無聊。當這個女人獲得好幾次高潮，如你所願輕聲叫床，並且不轉睛凝視你的臉，好像從未見過這麼偉大的男人，這時候，你開始覺得無聊，

如果你沒有抓到重點「向我揭示女人」，而不是「這個女人是誰？」就算性令人異常愉悅、滿足，一段時間後，這樣的性最終沒有辦法繼續。

真正的女人才會想知道什麼是真正的男人，其他的女人就沒有那麼大的興趣。了解真正的男人，能夠讓女人更為覺知，覺知到一般女人的心理想法，譬如想組織家庭、想戀愛。

女人是非常深刻的奧祕。可是大多數男人對這方面卻提不起興趣，他們只想性交，只想草草了事。而每一個女人都認為，只要稍微裝模作樣，在床上淺淺呻吟一下，她就是在向男人顯示「她是誰」。每一個女人都這樣想，但這樣是不對的！女人所要的應該是「向我揭示男人」，而不是「我將向你顯示什麼是女人」。如果是後者，沒多久她們必將發現，她們完全不懂得「優尼」（yoni，印度傳統女性生殖器的象徵）的意義。

「向我揭示女人」可能要花好幾年的時間才能體悟……或者，你也可能很快就能領悟，或至少了解箇中滋味，有多少慧根要看你覺知的程度。

了悟這點的男人，永遠不會滿足，除非他終於發現什麼是「女人」。性當然不是唯一的進路，喔，感謝女神！當然還有其他的進路，但性是卻是最明顯、最不神祕的進路。性是最醒目的方式——就像六呎高的霓虹燈廣告，上面還有紅色的大字——想不看到還真難。其他的進路或其他方式都精細多了。

基本上，男人應默默開發「向我揭示女人」的態度，然後忘掉這一切。用這種態度與女人交談，有點像在問她：「妳什麼時候高潮？」有些人可能忸怩害羞，可是有些人卻可能因此覺知。當然，今天這個時代有很多女人會這樣回答：「如果你搞不清楚，笨豬，去找別人吧！」所以，如果只是問，卻沒有帶著「向我揭示……」的態度，整件事就會沒有意義。

記住我的話，讓它成為你的心印，勇猛精進。讓你自己有非常強烈的動機，想要知道「女人」，想要知道「男人」。

46 陰陽調和，是順其自然

所有人的內在，都有陰陽兩極，造成整個能量光譜的互動——從一端的至陽到另一端的至陰，以及光譜中間的太陰太陽、少陰少陽等等。人的「自然性向」（organic disposition），就落在光譜中的某個位置。男人或女人都有某個濃烈的男性特質或女性特質傾向，這些傾向與實際性別無關。

只要認出陰陽能量的本質、陰陽的關係，我們就能了解這些能量在創造與生命活動中的作用。舉例來說，一些出色的古典音樂非常具有感染力，因為音樂中的陰陽能量互相穿插、交融；有些音樂可以很清楚定位出陰性和陽性的屬性。在性活動中也是陰陽能量的動態交替，與是否為同性戀或異性戀無關。性活動是陰陽能量的平衡與整合，雖然如此，性活動並非最有意義、最重要的形式。

同性戀實際上也是「一個男人」與「一個女人」的關係——與生物上的性別無涉。大多數的男同志，他們的同性戀所要處理的其實是自己與生母的關係，而不是自己與所選擇的男人的關係。

當然，這樣的說法並不適用於所有的同性戀，就像並非所有的同性戀都很神經質；但是在大多數的個案中，選擇成為同性戀者還是與童年的創傷、受到虐待、甚至害羞有關，這樣的選擇是自我的因應方式，而不是選擇要愛同性別的人。只要回想一下生命發展過程中出現的許多原始退縮習慣，就會很清楚這樣的心理機制。

在「順暢運作」的同性戀關係中——所謂「順暢運作」的定義是，彼此的關係是基於愛與自然的吸引，不是神經質的心理動力或逃避——很明顯可以看到，陰陽的能量在關係中互動，男同性戀的關係不會只有陽性能量，同理，女同性戀的關係中也不會只有陰性能量。

不論有沒有體會到這股陰陽消長的能量，宇宙中的萬事萬物永遠依此本性而運行不墜。性關係中也有很大的能量互動，而這當中是同性戀或異性戀根本無關緊要。在一些大型的同性戀社區中，可以明顯看出某些男人表現出非常多的女性特質，或某些女人表現出非常多的男性特質。然而這並不是說男人企圖變身為女人，或女人企圖變身為男人，而是陰陽能量的交互消長。

我有一位朋友，他是同性戀社區中的「老師」，有一次他做了個實驗，邀請一名女演員，為社區中的所有男人「男扮女裝」，並請這些男人整個下午的舉止行為「像個女

人」。社區中的所有女人則在一旁觀察，不要與那些男扮女裝的男人互動或打擾他們。

一開始，男人覺得非常不舒服，為了表達這個不舒服，他們特別誇大表現女人的行為。他們提高嗓音，並把想像中女人會有什麼動作誇張表現出來。但是過不了多久，他們覺得自討沒趣，於是停止所有的模仿行動，開始表現「正常」——也就是他們平日的行為，只是現在他們穿著女人的衣服。當他們心情放鬆，自自然然表現自己的正常面，這些男人開始覺得很有女人味。

這時候「老師」告訴大家，除去化妝、脫掉女裝，不要再「演戲」了。可是大家玩出興味，依依不捨！

沒多久，女人提出看法說，一開始這些男人好像詭異的漫畫人物。但是，當他們停止模仿女人，感覺上這些「男人」很像另一群女人，她們覺得可以很輕易的彼此相處，因為好像「我們都是姊妹……」雖然有些男人留著鬍子，不過外表沒有影響氣質，甚至鬍子可以視而不見。

男人在描述自己的經驗時則充滿驚奇，因為他們體會到某些本質，甚至是超越性的東西。開發靈性的方式之一，就是去認識自己天生的性情，了解之後，順其自然，沒有必要誇大、縮小，也沒有必要耽溺、壓抑。

＊　＊　＊

如果某人陰性的部分較弱而陽性的部分較強，或者陽性弱、陰性強，基本上，他或她會尋求平衡，但可能不是強化較弱的部分，而是減少較強的部分，或是開發一些特質或習慣，讓較弱的部分看起來更強。但是這樣一來很可能創造出平衡幻象——內心說：「ＯＫ，現在我平衡了，我努力克服弱點。」但實際上，一切照舊，較弱之處仍然較弱。

這個難題其實一點也不難，較弱的陽性可以因為增強而獲得平衡。有時候，人的性格可能發展出過強的陽性，藉此補償身上較弱的陽性，形成頑固難破的習慣，這樣的人不知道自己的行為讓人覺得很空洞、很虛浮。如果他強化較弱的部分，在性格上做調整，那麼，身體就會自動達成平衡。由於身體本能上知道什麼是健康的平衡，因此根本不必做什麼，就在無為中趨向平衡。如果你曾嘗試過，想要改變性格，即使想改變一點點，你一定很清楚，那是超級困難的任務，更不用說造成持續性的改變。但是，如果你只是行為上變一變，「表現」得好像不一樣，實際上你還是同一個人。

同樣的道理，如果你的陽性特強，陰性較弱，你不該削弱陽性，而是增強陰性。

有些人說，陰性是「能受」，陽性是「能動」，是有幾分道理的，但是太簡化，也不完全正確。如果希望男性或女性能量在身體保持平衡，必須直接碰觸陽性或陰性，這已經不是膚淺的表達所能說明的。

在基本的男性和女性二分法中，濕婆只是純粹的知，也就是「本」，而夏克蒂是一

切——所有的感覺、生命、行動、創造。因此，較弱的陰性可能與某些元素有關，包括身、心、靈，造成行為、表達與為人處世的問題。濕婆是全然沉默的，不是戰士。黛安娜（Diana，羅馬的月亮與狩獵之神）、雅典娜（Athena，希臘的智慧、戰爭女神），或是夏克蒂，她們都是戰士。強化陰性，用適當的方式透過行為表現出來……不要以為自己是戰士，所以像蠻牛一樣橫衝直撞，或像吃了搖頭丸，用力吶喊，亂搖亂叫。

陽性能量是沉默的，它不說什麼，是什麼就是什麼。陰性能量會說話，它化為行動：活蹦亂跳、幹勁十足、強而有力。陽性能量以智慧為基礎，往外散發，而不是以成就或美麗為基礎。強化較弱的陽性就是安住於純粹的知——等待體驗的浮現，發現智慧。如果你沒有安全感，如果你認為知道的東西很少，那麼強化較弱陽性的方法，就是找出身上那個你知道的部分，擁抱它；任何時候，當你出現迷惑或是不解，馬上去找，特別是你深深覺得缺乏安全感時。

強化陰性就是善用你的能量，放在創造有生產性的事物上，而且不要隨便浪費能量。然而這並不意謂你不能偷閒散散步，或是坐在公園的椅子上靜觀人來人往，只要你能覺知，對深層的存在有所渴望而非逃避，那也是一種修行。你可以透過各種適合的活動強化陰性，但重點是，不要半途而廢。此外，在談話時保存能量，也能強化陰性。

總之，如果陽性太弱，不必擔心陰性是否太強，直接去強化陽性。如果陽性太強，別理它，強化陰性就好了。

47 超越男與女，就是存在於當下

人人都需要一點柔軟與彈性，最理想的狀況是視環境的需要而展現陽性或陰性，可是只有極少數人具有這樣的彈性，有些人甚至害怕這樣的展現。大部分的男人特別迷戀陽性，即使環境需要，也無法陰性一點；大部分的女人也很迷戀陰性，即使環境有變，也無法陽性一點。

在性活動之中，男人可以是陽性或陰性，女人可以是陰性或陽性。當你用理想的方式進入性，也就是說，以「男人」或「女人」進入性，你會忘了自己是陰是陽。你就是進行中的事件，成為能量的直接互動。這時候，有沒有高潮已經不重要，高潮可有可無，刻意的高潮反而讓能量窒息。你將忘記高潮，因為你正在做的事情更美好。如果你們的能量深入互動，你將忘記自己是一個男人或一個女人，忘記你在做什麼。你只是進入，你成為「存在者」，遠遠超過肉體的歡愉或高潮，你已經從此岸到達彼岸。然後你更進一步超越「這樣更美好」的心情，你們合而為一，由二變成「不二」。

第五部 譚崔

作者一開始就特別闡述能量中心和脈輪（chakra），藉此說明人類發展歷程中的性能量運作。隨後，作者對於想走馬看花的讀者提出警告，細說譚崔修鍊的危險性。最後，為了讓讀者更了解何謂「成為女人」，作者介紹了令人振奮的法門——「膜拜女人」（Adoration of Woman）。

48 脈輪或能量中心的修鍊，都要循序漸進

在瑜伽哲學中，第一個脈輪是會陰，第二個脈輪是生殖器官（性中心），第三個脈輪是太陽神經叢，第四個脈輪是心，第五個脈輪是喉（甲狀腺附近），第六個脈輪是第三眼（額部中央），第七個脈輪是頭頂。

基本上，喉輪與智性相關，心輪與情感相關，第三脈輪的太陽神經叢則與力量有關。這三個脈輪與葛吉夫「第四道」所探討的三個能量中心有點類似。在葛吉夫的哲學中，實際上只提到六個能量中心，這六個能量中心分為三對，各有高低之分。歐拉吉（Orage）是葛吉夫的傑出弟子，他把脈輪分述如下：

1. 較低的移動中心（第一脈輪）
2. 較低的感覺中心（第三脈輪）

3. 較低的思想中心（第五脈輪）
4. 較高的思想中心（第六脈輪）
5. 較高的感覺中心（第四脈輪）
6. 較高的移動中心（第二脈輪）

歐拉吉說，發展的方式是逐步由一個能量中心到另一個能量中心（而不是從脈輪到脈輪）。所以，如果想要實際修鍊，或者，如果第一個能量中心尚未被喚醒——無論其他的能量中心有沒有被喚醒——你的基礎工夫是不穩的。再者，如果基礎不穩，無論你多麼厲害，能夠隨心所欲創造出稀奇現象，基本上這對你的修鍊完全沒有任何價值，種種的稀奇只不過是「現象」（phenomena）罷了。在「新時代」的圈子裡，你會發現許多通靈者和奇人異士，他們神祕莫測，有些人講起話來甚至讓人聽得一頭霧水；許多印度瑜伽行者也是，也有很多稀奇古怪的現象發生在他們身上。

葛吉夫的戮力之處就是希望完全整合個人存在——整合所有的能量中心。在更高層次的修鍊中保持一致性，忠於自己的誓言。基本上，如果個人的存在沒有整合起來，即使在修行之中也不可能負起責任。你只是從「我」的立場做出承諾或誓言，沒多久，另外的「我」又冒出來，你又做出某些承諾，而兩個承諾間可能互相違背；甚至，你的承諾只是某種機械式的制約反應，因為你缺乏整合，所以被制約反應掌控。所以說，如果沒有整合

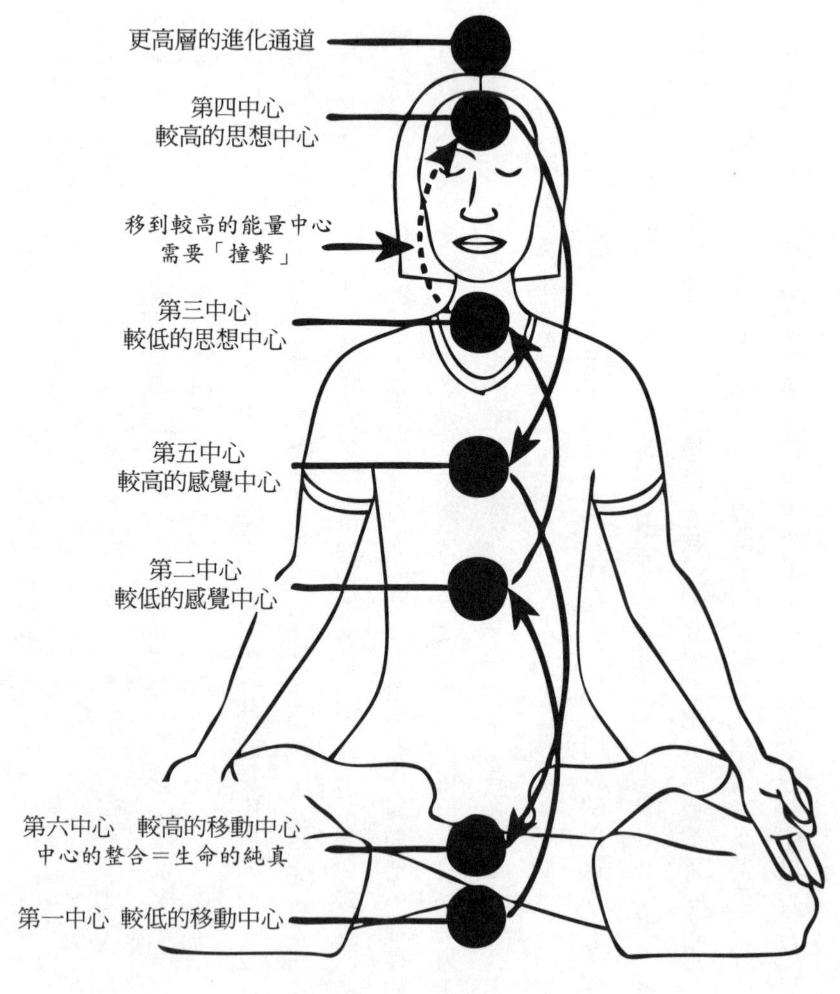

葛吉夫系統的靈性發展歷程

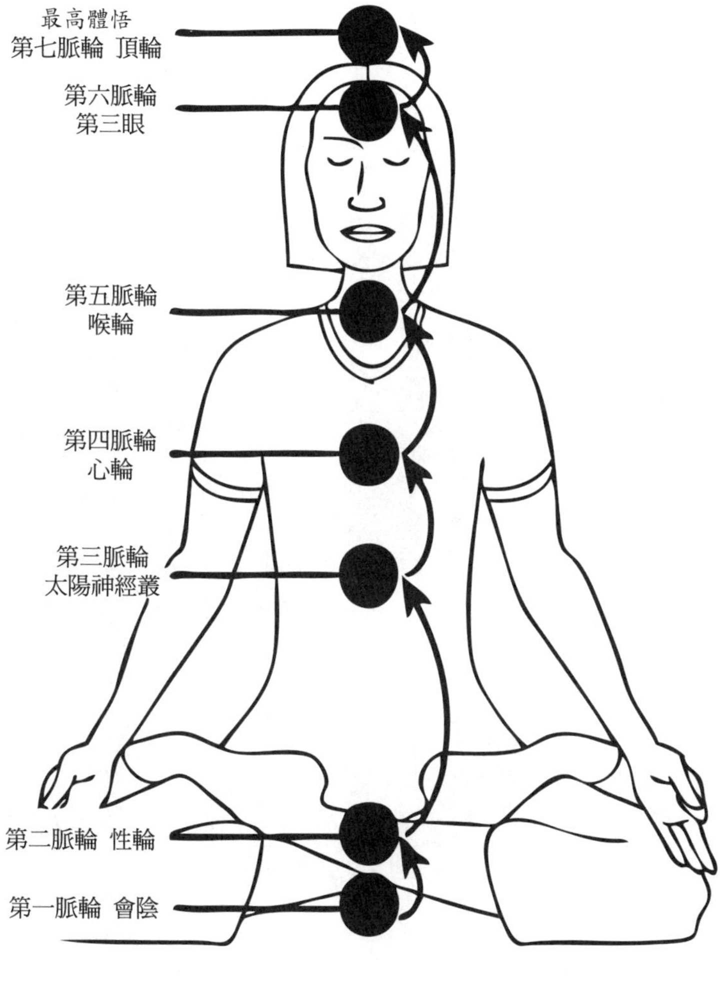

最高體悟
第七脈輪 頂輪

第六脈輪
第三眼

第五脈輪
喉輪

第四脈輪
心輪

第三脈輪
太陽神經叢

第二脈輪 性輪

第一脈輪 會陰

傳統瑜伽系統的靈性發展歷程

個人存在，修行中的責任與義務只是紙上守則。

在瑜伽哲學裡，他們注重第四脈輪以上的開發，否定底下的三個脈輪，特別是第二脈輪——大多數的瑜伽師認為這個脈輪帶來很多的麻煩，因為第二脈輪與慾望及「較低層次」的思想有關。但是在歐拉吉的系統裡，如果沒有用成熟的方式整合第二脈輪，就不可能體悟修行的所有潛能，實際上，第二脈輪是最後的關鍵。

就讓我從這個觀點來討論能量中心。第一個能量中心是基本的移動中心，與排泄、恐懼有關，是純本能的生命力。例如，在任何的移動藝術中——像舞蹈或武術——愈能夠發揮生命本能，動作就愈精彩。

感覺則與太陽神經叢有關，而不是心。一般人傾向於認為感覺與心有關。「我心已碎……我的心好痛……我滿心喜悅……」大家總覺得心與感覺有關是因為文化上的語言關係，讓人產生錯覺，認為因為「心碎」讓心變得虛弱無力，就覺得心碎跟心有關。

思想中心則與頭部有關，因為那正是腦的所在。我們都相信，思想發生於腦部，實際上，甲狀腺或第五脈輪正是較低層次的思想中心，那也是原始層次的「自我」（ego）所在處。

為了活化更高層的能量中心，需要某種「撞擊」。透過基礎修鍊，我們的能量可以從第一個能量中心逐漸往第二、第三……移動，但是從第三到第四能量中心沒那麼容易，不能靠

日常生活中的個人成長。為了打開更高的能量中心，你必須被撞擊。

「撞擊」可能是由「大師」親啟，就像葛吉夫為弟子做的，或者是上師連結神聖的力量促成，或是，可能是意外發生。身體的疾病、痛失心愛的人、生產、情感創傷……許多事件，都可能產生「撞擊」的爆炸性能量。但是，在爆炸性能量發生效用之前，身體必須保持在準備好的階段，可以接受能量的改變。如果身體太過緊張，爆炸性能量一出現，很可能立刻炸成碎片。這些就是為什麼刻意引發撞擊時，你必須知道你正在做什麼，這太重要了。如果撞擊的時間不對，你反而會被撞擊「撞傷」。你要的是撞擊，而不是某種強化而已，就像把火箭燃料加進汽車，車子會爆炸，而不是跑得更快，因為你需要特製的引擎才能消化火箭燃料。

＊　＊　＊

為了把修鍊整合到生活之中，第一個要建立的能量基礎平台，就是第四個「較高的思想中心」，如此一來，其他較高的能量中心在自然的發展過程中才不會偏離軌道。一般人總是認為這個思想中心是「額外」的，能夠開發它當然很好，不過我們卻更想喚醒較高的感覺中心。較高的感覺中心是令人垂涎的好東西——與詩有關，是真正的情操，而且對萬物充滿慈悲與同情。較高的感覺中心與心有關聯，但實際上只是進化、轉化、鍊金過程中的中途。

最高的能量中心就是較高的移動中心，它與「生命的純真」（Organic Innocence）有關。在這個中心裡，只要一進入關係你就能量十足，因為你完全被「道」、「天命」、「上帝的意志」所包籠。萬事萬物完完全全自行開顯。

如果能量中心是循序發展的（脈輪一，三，五，六，四，二），而且完全整合，最後揭示的將是較高移動中心的完善與成熟——而不是較高的感覺中心。

在「第四道」的系統中，他們認為第七個能量中心（我們還沒有在書中提及），是你跟靈魂接觸的地方。第七中心是進入靈魂境界的大門，但是，沒有經過必須的成長與進化，你摸不到門。

原則上，在瑜伽系統中，你必須用「拙火」（kundalini，生命的動能）逐步喚醒七個脈輪，直到頂輪（sahasrar）打開，然後你成為光體，散發光芒。可是，如果你太躁進，沒有循序喚醒脈輪，或是跳過某些脈輪，即使頂輪已開，你再也無法開發尚未喚醒的脈輪。當拙火沿著脈輪運行，打通身體阻塞的能量時，如果你弄錯方向或部位，脈輪會錯亂，一時之間，難以調和。

常見的特異現象出現在第四、五、六脈輪被喚醒的時候，而一些已經見怪不怪的奇特功能，是第一、二、三能量中心所發動的。這些能量的開發，不管是什麼修行系統，大致

上以瑜伽哲學的「模型」為本；這個模型是這方面經驗的典型，很多人都想追尋這樣的經驗，因為高層次的美好體驗太令人醉心目眩，而較低能量中心的體驗則平凡無奇。

我的經驗是，不必「有為」的移動能量，讓夏克蒂或拙火該怎麼走就怎麼走，「神聖的影響力」將界定生命中的每一件事情。

如果神聖的影響力界定夏克蒂或拙火該怎麼走，那麼脈輪的喚醒可能是跳躍的（歐拉吉的系統），而不是直線式的循序漸進（傳統瑜伽系統）。當拙火發動時，如果不刻意去控制，它會用自己的方式通過能量中心，但不會傷害到能量中心。它的流動非常柔緩，不會產生任何傷害，關鍵在於，不必人為去操控。例如，當愛意油然升起時，我們會有很美妙的感覺，可是如果是強迫性的刻意製造愛意，就會損傷生命體，或者，陷入瘋狂之愛也將損傷感覺能量中心，達不到真正的成熟。

瑜伽系統中拙火要一直往上移動，通過一個又一個的脈輪。一般而言，經常誠心禱告、靜心或從事其他的修鍊，都會感受到巨大的性能量——有時候是排山倒海的性慾望。於是有些人運用拙火，希望削弱第二脈輪的能量，如果成功達到目的，這些人會變得完全沒有性慾。拙火繼續往上運行，這些人非常光明、非常輕盈、非常溫柔，可是也變得毫無熱情、毫無感情，他們是槁木，他們是「至死之人」！

從較低的思想中心（第五脈輪），轉入較高的思考中心（第六脈輪）則又是另外一番光景，我們在這裡暫不細說。再次強調，你必須受到撞擊才能喚醒第六脈輪，超越之後，你仍然可以繼續，喚醒較高的感覺中心（第四脈輪）與較高的移動中心（第二脈輪）。

＊　＊　＊

理想上，年輕生命體的發展應該是從第一個能量中心往第二、第三能量中心走，但是現實生活中卻不是這麼回事。

第一階段的生命（從出生到七歲）是移動階段。然後，我們在第二階段的時候發展感覺（從七到十四歲）。可是，我們的文化卻在這個階段訓練大家把重點放在辨別力的智性發展上，其實這一階段我們應該注重關係的特質：友善、服務、同情等等，然後在十四至二十一歲的階段才側重辨別力與分析思考——就像大學裡的哲學課程。

由於文化的制約，大人的第二脈輪或性能量中心不通不和，兒童直接就感覺到大人對性的迷惘與迷戀，於是在生命的初期就特別好奇關於性的問題。

在正常狀況下，兒童是以天真無邪的態度與自己的身體遊戲。女生會很自然把指頭放進去，男生則會玩弄那個伸出來的東西。可是大人見到這種行為反而因不當聯想而大驚小怪，兒童可以感覺到這種不尋常，甚至在受到處罰後疑心更重。他們不明白大人的性能量不通和，只會對性產生更大的迷戀與迷惑。

＊　＊　＊

通常，前三個能量中心會互相爭奪控制權，例如感覺中心會與思想中心或移動中心爭戰。超越互相爭戰的第一步就是喚醒較高的思想中心。當較高的思想中心被喚醒，它就會很自然與較低的思想中心結合，和諧運作；然後較高的感覺中心與較低的感覺中心結合；最後較高的移動中心與較低的移動中心結合。前三個能量中心不再衝突、不再爭戰。

喚醒較高的思想中心有如讓「觀察者」活了起來。譬如說，你覺得無助，整個情況難以掌握，可是你沒有失去自己，你能感覺無助與失控，但仍保有自己，知道自己的失控與無助。

人類這個生命體，若想實現進化潛能，就必須喚醒較高的思想中心、較高的感覺中心與移動中心，讓它們更加成熟。巴霧斯的呼吸法與性能量管理就是修鍊的關鍵。

如果沒有更高的動機，對於譚崔的性能量缺乏認識，就無法整合較高的移動中心。如果移動中心沒有被整合，生命體的鍊金就無法完全。讓較高的移動中心成熟的唯一方法就是透過性能量，因為性能量與性的脈輪有關。我們沒有辦法逃避性能量（並不代表一定要有性活動，性能量就只是性能量而已）。生命中的修鍊，若要有所成就，一定躲不開性能量，不可能躲掉！

世界上確有一些人能夠運用性能量卻不必有性活動。我認為我們可以相信尼提安南達

（Nityananda，二十世紀著名的印度聖者）與女弟子的故事。他以性能量為用，卻又不涉及任何性行為。當然，這真是難。可是也許不難，反而很容易。人要體會這最後一步的意義，確實很難，除非整合較高與較低的思想中心，也整合較高與較低的感覺中心。

較高的移動中心與性能量的適當應用是最後要處理的事情——這是大事，任何嚮往譚崔修行的人都要謹記在心。在譚崔的境界裡不可能不講究較高的思想與感覺中心。你是在同情之後進入譚崔性愛，而不是在同情之前。這件事無法勉強，許多的譚崔修鍊都是如此。在西藏密宗的修行裡，如果沒有完成其他修鍊，打通其他的能量中心，你不可能進行譚崔性愛的修鍊。這絕對不能本末倒置。可是在西方卻完全本末倒置，就像拙火的啟動也毫無章法一樣。他們在能量中心被整合之前就練習譚崔，結果把性能量中心的種種可能性給毀了。轉動的齒輪缺了一角。

較高的感覺中心的感覺是真情，而真情並不是自己以為的。每個人都有同情心，但是「同情的感情」與「同情的真情」很不一樣。同情是，你可以感受到別人的痛苦。比方說，某人發生了生離死別的悲劇事件，你覺得好像發生在你身上，這就是「自以為」。「天哪，一定非常悲慘！」因為事情「如果」發生在你身上，你一定會覺得悲慘。也就是說，你只是認同他人的感覺，可是真情呢？真情就是真的發生在你身上。

任何人，只要較高的感覺中心成熟，可是卻沒有辨別力，那麼他一定會被感覺壓垮，連

大門都走不出去，甚至連地上的報紙都撿不起來。所以，另一個必須讓較高的思想中心運作的理由，就是它能形成辨別力。辨別力可以讓你的感覺盡量發揮，可是卻不致於被淹沒或不知所措。

性的中心有時候也稱之為能量中心。當你發展能量中心卻沒有兼顧較高的思想與感覺中心，很容易就會成為喪心病狂的人。看看周圍有力量施暴的人，他們幾乎是性的受挫者。

錯把情緒詮釋為較高的感覺，想想會有什麼後果？譬如，你會在很多的修行團體中發現一些男人，他們認定自己的較高感覺中心已經成熟，實際上並沒有，那只是他們天生的性情，並勇於表達而已。由於較高的感覺中心成熟後會往較高的移動中心發展，這個移動中心必然與性有關，於是大家會看到這些男人被許多女人包圍膜拜，並尊稱他們為「譚崔大師」。

許多脫軌的感覺皆是錯誤的思想所致，所以，較高的思想中心是關鍵——不僅僅因為它是較高的能量中心，同時它也能與「我是什麼」戰鬥，把自我的幻象客觀化。

較高的思想中心能生出辨別力，這個辨別力可以統觀你的修行，為你的修行提供願景。一旦較高的思想中心被喚醒，你一定不會忘記發揚「參究」的精神。這個參究的精神特別有用，可以為三個較低的能量中心帶來願景。

我們的修鍊主要是想在移動、思想、感覺中心獲得「多數票」，喚醒較高的思想中心，並從此處開始，讓三個較低的中心關係和諧。當這三個中心各自發揮功能而不互相干擾，那就是獲得「多數票」。雖然說你的多數票只獲得百分之五十一，也就是說你還有百分之四十九的干擾，但是這百分之五十一已經夠了，足夠阻擋干擾。

一個人在修行社區所待的時間愈久，就愈有機會喚醒更高的能量中心（當然，不知靈修為何物的人能量中心也可能被喚醒）。也就是說，確有某些方法可以喚醒能量中心。有些弟子或門徒，可能在不經意或因緣湊巧下體驗到較高感覺中心的運作，但這並不代表能量中心已經被整合。整合是鍊金歷程的成熟，不能僅是打開某個能量中心或體驗到某個能量中心的運作。

較高的移動中心可以活化純真的生命體。被活化的意思不代表你將擁有完美、活力無窮的健康，而是代表：當你的修行需要某些東西時，你願意全力以赴——你的全力以赴就像本能一樣直接表現出來。一般常見的情形是，當修行需要某些東西的時候，我們往往還沒有準備好，因為我們的能量中心較低。「這件事該怎麼辦？」、「那件事又該怎麼辦？」、「我的家人要怎麼辦？」、「我的健康怎麼辦？」有千萬個考量，因為我們以較低的能量中心思考，「我的節食計畫怎麼辦？」、「我需要補充維他命嗎？」這也就是為什麼我們需要「不預設立場的心靈」（Draw No Conclusions Mind）。不預設立場的態度並不意謂生活中不能有喜怒哀樂，而是先跳開多愁善感，然後真正的疑問才能提煉出來。有時候我們的問題令人心煩意亂，讓自己的生活慘兮兮。但最後的關鍵在於，慘兮兮生活中的

修行才是「玩真的」。在生活中東張西望、瞻前顧後，一直考慮某個行動的代價，這樣的修行是玩假的。

一個人不是死就是活。如果你是「活著」，修行將界定你的生命，無論過程多麼痛苦；如果你「死了」，痛苦將狠狠把你壓在泰山腳下。

*　*　*

靜心對「感覺」有幫助，讀經對「思想」有幫助，運動對「移動」有幫助；對於靈修與能量中心的關係而言，這樣的定義太寬鬆、很不嚴謹。至於呼吸鍛鍊法，基本上是採取深呼吸的方式，放鬆身體的緊繃。呼吸與感覺能量中心有關。在你很情緒化的時候，有人會建議說：「做個深呼吸。」深呼吸之後馬上發生什麼事呢？「感覺到」你的感覺並沒有消失。深呼吸之時，可以感覺到什麼是真實的，你感覺不到不真實的東西。只要較高的思想中心被喚醒，呼吸變成打開心靈的工具，這時，運動成為把能量導入的方式，熟悉之後，你就知道為什麼可以用性能量轉化的道理——最後的鍊金程序，整合所有的能量中心。

所以，推薦給學生的靈性修鍊，一定要有基礎的成分與較高階的成分。例如，當你修鍊太極拳或其他武術，到了一定的程度後，就會覺得「能量移動你」，而不是「你移動能量」。同樣的道理，有效轉化性能量的關鍵，也是讓能量移動你，而不是你移動能量。

即使你的所有能量中心已經完全整合，這時候還必須建立一個能量點，喚醒並正確使用性能量。只要你是從「生命的純真」出發，你就是立出了「本」，可以適當運作下去。雖然如此，但這並不意謂每一次你的性活動都是「無敵的」。你還是必須運用某些機制，進入那個能量點，讓性本身「做某些活動」。較低的能量中心要先暖身，你不可能立刻躍入較高的能量中心。你不可能只是走進房間，看到伴侶後，立刻被較高的感覺能量所充滿。你必須先暖身，而暖身的過程就是一般性的日常行為。你坐下來說：「嗨，親愛的，妳在做什麼？妳今天過得好嗎？晚上吃什麼？哇，太棒了！我喜歡。」你必須先建立某種動能。

破壞這種動能最迅速有效的方法就是，你甫進門，看到伴侶，立刻擺出臭臉說：「妳今天有剪頭髮嗎？」馬上，你們立刻進入「我」的戰爭。這個女人本來想說：「剪了，親愛的。」然後不再回應。可是她的「我」卻說：「這個笨蛋，他從不讚美我。老天！他已經好幾年沒稱讚我。真是混蛋加白痴。」而這時候她的移動中心說：「妳已經一整天沒看到他了。走過去，給他一個擁抱，向他問好，邀他坐下來。」這真是一個很大的衝突。而思考中心也加入戰局，用心理分析的方式說：「他就是那個樣子。他現在還是小孩子……」所有的能量中心互相爭戰。

所以你要先暖身，所有的能量中心才不會混戰一團。你逐一讓它們暖身，使較低的能量中心整合起來——用平常心——你是一個充滿關懷心的平凡人。

49 譚崔行者必須時時保持警覺

傳統的譚崔修鍊代表著，面對並通過地獄般的黑暗元素，然後轉化這些黑暗元素，而不是逃避或忽視它們。恐懼、慾望、疾病、貪婪、佔有……這些生命中的負面特質，我們每一個人身上都有，只是多寡有別，我們不僅需要它們，更要處理它們、轉化它們。即使不需要，它們也是我們身上的一部分，必須去認識它們；可是，我們不可能不需要它們。這些黑暗元素可以幫助我們提升自我，少了它們，我們就不能成為完整的人，也就成就不了人類存在的最大可能性——「神聖」。

與這些力量合作，不要不理它們，如此才有機會超越。這就是譚崔修鍊的精神。

不同的譚崔學派，在修鍊時運用不同的元素——性、酒、菸或其他東西。然而，大家關心的焦點都是一致的：轉化黑暗元素——那就是鍊金術，鍊金術的真意盡在此矣！

僅懂得超越——融入光明，並企圖避開黑暗——這不是譚崔。譚崔修鍊者不可能放鬆。譚崔行者必須睜大眼睛隨時注意，他們必須隨時警覺，因為危險隨時會出現。

在譚崔修鍊中，你必須與核子彈爆發一樣強的性能量合作。你不能只是偶爾玩一玩……你知道的……一名身材火辣的女人進來，你盯著她不斷遐想，「太棒了，這個女人真是好……」於是你跑去問：「晚上需要伴嗎？」

你不需要玩這種遊戲，因為這種變化無常的遊戲非常危險。一個人可以不朽，也可以被摧毀。當然，如果你信任老師或其他求助資源，是可以不必擔心妖魔鬼怪的騷擾。雖然如此，我還是很擔心有人誤入歧途，所以這方面我是百分之九十的保守。

許多譚崔修鍊的學者或弟子認為，如果沒有「上師」，絕不可嘗試譚崔修鍊。他們的理由是「上師」會觀察修鍊的過程，指出某些境界代表成熟或幻覺，並給予回饋。當然，這有個前提，就是上師可以依照自己的修鍊經驗，提供有智慧的指點。可是其中可能有些沒有被考慮到的因素，例如師生關係是否真誠、無私，還有上師的教導能力是否足以幫助學生轉化，如果這些東西沒有透明化，轉化的可能性相對降低，黑暗的元素依然固我，頂多只是轉變。由於上師的角色非常重要，我提出這些問題是希望說明，這條修鍊之路非常危險，修行者不能只是隨著上師的影響力載沉載浮，或希望永遠被上師背著走。每一個譚崔行者都要睜大眼睛隨時注意。

有人說，進入譚崔之路比騎虎、伏虎更危險。所以必須記住當初為何發願走上這條路，以免日後心生懶散而視一切為理所當然。我們必須隨時注意，即使在大樂、大悲、迷亂之中，仍必須保持清醒，避免昏沉的誘引。上師的幫助、上師的影響力、上師的指引，仍然是不可忽視的關鍵力量。

＊　＊　＊

我們必須了解身體中性能量的中心點是超越的力量所在，因此，如果你已經開始「鍊金」，就會有非常活躍的性能量中心，你必須分辨這樣的性能量中心與色慾有什麼不同。它們是不一樣的。

如果性能量是交流的通道，身體就會變得光明、透明，很有吸引力，人的氣場將很有活力，聲音也會柔和平緩，充滿魅力。

在這種情況下，你必須知道你是什麼人，因為你是行者。否則，親愛的……你麻煩大了！

50 在性愛中保持覺知，才可能超越

傳統的譚崔有許多技巧。我讀過一本書，作者建議，在一個月之內你和你的伴侶碰都不能碰對方。第一個星期，你們各據房內一角，穿著衣服，彼此互看。第二個星期，你們直接坐在對方面前，穿著衣服，凝視對方的眼睛一個小時。第三個星期，你們脫下衣服，坐著互看。第四星期，你們坐著，不穿衣服，雙膝互頂，凝視對方的眼睛一小時。然後就可以進行真正的譚崔。真不可思議，這些書竟然教你們做這些事！

誰不知道，經過了四個星期，大家不發狂也難，一定是餓虎撲羊，直接跳到對方身上去；這時候一定有百分之八十的幻想，另外百分之二十是享用身體。當然啦！這時這兩人一定會玩得很盡性，享受美好的時刻。經過了一個月的壓抑，誰不熱情如火？沒錯，這個經驗可以感受到很強的能量，但這只是幻想，不是譚崔。

其他作者所謂的「譚崔」，竟然只是不可思議的體位變化——顛倒式、後退式，從前面、從後面，用手指、用腳趾、用鼻子……我再強調一次，真正的譚崔與你所用的體位沒任何關係。不管姿勢怎麼亂變，都不是真正的譚崔。

＊　＊　＊

基本上，男人在做愛的時候整個身體像打結一樣緊張。他們的腹部拉緊，肩膀上挺，下顎緊咬，而且動作好像要抓住什麼——當然是女人，還有床與空氣。他們像是被捆綁，沒有絲毫放鬆，很難好好享受美麗的性交流。

多年前，有一本很有名的書《擴大性高潮》（*Extended Sexual Orgasm*），反正書名大概是這一類的……書上教人一大堆技巧。透過技巧，確實可以讓感官有更大的享樂，讓高潮更密集、更容易掌握。然而，用刺激手段讓身體更享受，與在放鬆之下進入親密與交流的可能之中，兩者不可相提並論。

那本書剛上市時讀過的人這樣說：「太好了，讀過這種書後我的生命不再一樣了！」可是沒多久，各種感官刺激得到滿足的讀者，終究要發現，生活中的瑣碎與麻煩還是跟以前一樣。生命並沒有更清晰或更完整，因為高潮只能讓你延續二十分鐘的美好。確實，在性活動進行得如魚得水時，你暫時忘記凡俗的痛苦，但其他時間你還是同樣的人，沒有轉化，沒有改變。這只是懂得用技巧操作身體，達到暫時的心理快樂。

可是另一方面，如果從交流的立場進入喜樂狀態，各種不同的可能性將呈現出來，而且很可能不再是同一個人。雖然說明天早上一起床，痛苦並沒有完全消解，但是已經懂得不起煩惱心，負擔放下不少。尤其，當一個人進入高度敏感的境界，自然而然在關係中修行，那麼他的轉變更令人刮目相看。

我們在這裡所描述的是一種自發的本質經驗，不是自我透過學習的制約反應，那只是受過訓練的生物機器，所製造出的效果極為有限。

* * *

利用生殖器達到緊張釋放的高潮，整個神經系統忙碌異常。高潮的時候什麼東西都出來了，不只是精液而已，生命、能量、性動力、專注——所有的東西都跑出來。其實「射出」（ejaculation）並非重點，專注才是重點。只要男人爆炸，什麼都沒有了；如果射出，而且體內有不同的心境，更多的可能性會開顯，更高的覺察也將呈現。

男人在身體上做譚崔修鍊必須善用「精氣」——不必然令精液完全不洩——精氣即「意」（intention）與性能量的匯集；而更為精細的譚崔修鍊必須善用「專注」（attention）。同樣的法也適用於女人。女人在做愛的時候也有愛液，這不僅僅是潤滑液，這些液體實際上就像

男人的精液，只是不含精子，但與精液含有相同的化學物質。所以譚崔修鍊適合於任何身體——男人、女人……或是聖牛。印度有些聖哲認為，動物也能開悟，所以譚崔修鍊也適用於牛——雖然說牛不太可能控制自己的射出，不過，因為牛也可能開悟，我們的討論或許對牠們有些幫助。

只要性活動是規律的，男人身上就會製造許多精液，女人身上也會製造許多愛液。如果沒有排出的話，這些液體會被身體吸收；這些液體的化學物質與腦的某些部分——例如松果體，傳統認為這是「第三眼」的所在——所分泌的荷爾蒙非常速配，我們不清楚這些腺體如何運作，但是卻有極多的證據顯示，刺激這些腺體可以引發神祕的天眼通，受到天啟，獲得更高的創造力等等。性就是其中一個方式，可以活化這些較高階的腺體。

古人早就知道性行為的能量就像現代的觸媒或發電機。一些修行人或修鍊高手以性為方法，激發更高層次的意識交流；這並不是說他們利用女人，以女人為對象或修鍊之鼎，或者女性大師以男人為對象。應該這麼說，男性大師跟女人在一起，利用性的交流進行修鍊或膜拜神，對他們來說，性不是讓女人快樂的身體遊戲，而是利用其中不可思議的能量產生更高的意識經驗。更進一步說，由於他們善用性能量，人類因而更加進化、提升。古代的中國、印度或佛教傳統都可以看到神與伴侶共修的圖畫，在東方世界裡，這些美麗的藝術作品是在慶祝性合一的超越力量。

真正的譚崔不會只是凝視對方的眼睛，並在幾近瘋狂之下點燃慾望。如果你了解真正的譚崔，可能也會餓虎撲羊，動作上沒什麼兩樣，真正不同之處在於譚崔是一種溝通，你必須了解男人的能量與女人的能量。一般的譚崔技巧令人興起合一的幻想，但那並非真正的譚崔。真正的譚崔是你已經準備好了，可以了解你們不是分開的。重點不在於你們有心電感應的合一感，這種境界早就存在，所以你只感受到暫時的完整與暢快，然後當你離開這種譚崔技巧的練習之後，一切還不是照舊，亂七八糟的事情依然亂七八糟。真正的譚崔必須非常清晰的了解女人、了解男人，也了解鍊金術。

女人經常被描述為「接納的」，男人則是「進犯的」。現在請注意聽……我要說的東西是千載難聞的奧祕：由於女人象徵夏克蒂，她是女神、有形的東西、創造、運動、能量；男人象徵濕婆，他是無形的、絕對的，是純粹的意識或精神——濕婆和夏克蒂的合一就是女人的「上揚」與男人的「下落」。當濕婆與夏克蒂「變成彼此」，那就是最完美的合一。性消失了，真實的唯一境界出現了，這個過程就是男人與女人身體的原型關係或象徵關係。女人上揚，夏克蒂變成濕婆；男人下落，濕婆變成夏克蒂。男人成為有形，女人變為無形。整個譚崔性愛修鍊就是「男人下落」而「女人上揚」。在這當中高潮可能發生，但也有可能是非射出性的高潮，男人因此保存能量與女人連結，而不是與女人脫離。

適當的運用譚崔，可以觸發俗世心靈的創造力。我們之所以沒有成為創造力超強的天

才，並不是我們沒有繼承人類的天賦，而是身體中的化學物無法打開創造、表達的頻道。譚崔就做得到，譚崔修鍊可以讓沉寂的更高腺體活化起來。

最近我讀了一本書，裡面收集了作曲家蕭邦的許多情書。蕭邦是鋼琴詩人，具有創作天才，而且，如果他願意的話，很可能成為聖人。情書中他熱情如火，勇於向情人示愛，而且很露骨表明，希望整天跟她做愛做的那件事。蕭邦在信上說：「跟妳在一起時，我們時常做愛。我寫不出半點名堂……一小段音樂都想不出來。可是離開妳之後來到這裡（那時蕭邦正在渡假）……我狂寫不休（我把蕭邦的語言現代化）。」最後他寫到：「噢，管他什麼音樂。我要回到妳身邊，寫不出來就寫不出來，那些練習曲跟妳相比又算得了什麼……」蕭邦稱呼情人的陰道為「降D大調」，因為鋼琴上的降D音是黑鍵，左右都是白鍵，這是他們倆的私密暗語。有一次兩人去拜訪蕭邦父親，女友獻唱一曲，蕭邦故意問：「噢，妳的降D大調好不好？」他們眨眼互示愛意，眾人雖然覺得曖昧，卻搞不清楚他們的密語。

＊　＊　＊

所有男男女女，對超越性愛的看法莫衷一是。對某些女人來說，如果氣氛美好，而且「愛」存在，這時候就算沒有高潮，性愛也絕對是超越的。另有些女人認為，超越的性愛是一連串的高潮，而且一波強過一波。

性可以把人帶到創造或自我彰顯的邊緣。通常，男人在性交時對這一邊緣有朦朦朧若有所悟之際，就是即將授孕的時候，並且此時男人知道他正在授孕。這一狀態把男人推入超越經驗的體驗之中，但這種體驗不常有，除非男人保持覺知，不是覺知到：「我跟這個女人就要創造全新的生命了。」而是覺知到非個人的創造性，那是創造本身，而不是創造嬰兒而已；然後就結束了，男人立刻「分開」，因為交流已經在覺知的同時實現，所以不必繼續下去。當然，這可能只是「自我」覺得它已經複製了一個自己。可是創造非關自我，也不是只限定在創造小生命，創造是要讓我們感受到神聖。如果男人能體會這一點，他就等於發現終身受用的圭臬，可以一輩子奉行。

* * *

真正的關係是鍊金術的實驗。透過鍊金術，親密的關係沒多久就會變成更為緊密的經驗。鍊金術意謂生物體與生命體的轉化。實際上這只是第一階段，更成熟的階段則必須變化本質，可以說在關係中，改變了存在的結構。

當然，轉化並非站在「起跑線」上，一聲令下大家同時變化本質，同步是不可能的，而且，改變的速度、形式也不完全一樣。先衝出起跑線的人，當他說「我愛你」的時候，意義已經跟以前不一樣了，因為他對真實有了更新的看法與掌握，而且更加開闊。所以你必

須準備好收聽「我愛你」這首涵義更深遠的讚歌，你可以感覺到它的真與美，並安住在裡面。浪漫引人遐思，很美好、很有價值，但是「我愛你」有可能是愛的終極意義，遠遠超越浪漫。

*　*　*

葛吉夫曾討論到靈魂的創造，他說，除非你為自己創造靈魂，否則修行一點用處也沒有，比暫時性的貼布更沒用。肉體一旦死去，不管生前怎麼修，只要沒有創造靈魂，什麼都不剩。

在性關係中也是如此，就看你有沒有利用機會創造靈魂。這也就是為什麼你不應該在街頭隨便找個人就跟他性交。如果你真的隨便找人，那就是在乞求上帝製造靈魂，而跟你性交的那個人成為必須的化學成分，好讓上帝製造靈魂，可惜那不是你的創造。

想像一下，如果你胡搞瞎搞很多的外遇與劈腿事件，最後一定是闖進瘋人院而失去靈魂，因為眾多的「業」跟你糾纏不清。

如果每一次要創造靈魂時接獲的訊息都是「神聖的石柱」——你的勃起，那你就無緣接觸神的善良面！大家都知道，遇到別有用心的人感覺都不是很舒服，所以，當你遇到不正經的調戲者，不論是男是女，一定覺得很挫折；特別是他們把你的情意當玩具，久而久之，你的善意必然無法持續。上帝也是如此。只要你們是真心的結合，你們就是在創造，而創造就是在「創造永恆」。每一次，當你的東西滑進她的東西裡，或妳讓他的東西滑進妳的東西裡，你們就是送出了「神聖的信號」。注意，我說的是你們，不是一般的人類。有些人類只算動物，而動物不懂這些東西。你們都有足夠的覺知，可以開始了解更有價值的東西。你們把信號傳送到宇宙。如果你們不夠完整、不夠真實，上帝會很不爽，如果你們像大喊「狼來了」的男孩一樣，不斷送出不真的假信號，聽到消息的上帝只會置之一笑說：「噢，又是他（或她）這個傢伙。」你玩假的，上帝也不跟你玩真的——這也是為什麼有些人雖然靈修，但是卻一敗塗地的關係。上帝對他們送出的信號充耳不聞。他們一再嘗試，可是什麼都不會發生。他們抱怨說：「怪哉，我不是跟著大師修行嗎？為什麼我的關係一直不會開花？」那是因為他們過去的歷史，沒有靈魂，沒有知足與平靜的心。

＊　＊　＊

任何高階的祕法修鍊不可能輕易妄傳，必須有完整的基礎工夫才行。如果某人個性消沉、負面、悲觀，那就不該修習譚崔性愛；譚崔並非治療的能量，而是用來清除汙濁，淨化自己。如果某人對於自己的關係很樂觀，願意與同伴慶祝神聖的力量，那麼他已經準備好，可以學習修鍊譚崔術。假如某個人的關係總是依賴、被保護、嫉妒、恐懼、攻擊，

那麼，讓他研修譚崔術非常荒謬，因為他的負面傾向將干擾修為，甚至可能因此放大數百倍，變得非常有敵意，或是更負面，充滿毀滅性或特別大男人。同樣的道理，如果你的關係充滿慶祝、歡樂，而且你「敬愛上帝」，也會因為修鍊譚崔術而放大數百倍，你釋放能量，淨化自己，智慧飽滿。

修鍊譚崔的激發可以是正面的，也可能是負面的；可以在海貝中創造珍珠，或是讓海貝死滅。

法有顯有密（無論是性愛修鍊或靈性修鍊），有些法門可以公開示眾，有些必須祕傳。

51 只要有電路圖，我們都能啟動系統

注意聽，我現在要公開宣示一項祕法：不論你的性器官「細如針」或「大如香腸」，也不論你的性器官是什麼樣子，只要插入插座「帶來能量」，所得到的結果都是一樣的。

我們的整個身體才是真正的性器官，附屬的生殖器只不過是電路尾端的插頭或插座。神經系統是最終端的性器官，人類——男人或女人——的神經系統都是一樣的，不論外在的性器長什麼樣子。

高中的時候我打工，是橄欖球隊的送水小弟，大家都戲稱我們為「經理」。我們的工作是在中場休息時跑進跑出，遞海綿讓他們吸水擦身體，並負責把他們鞋上的泥土挖掉，以便上場跑快一點。打工期間，打完球洗澡時看到的一幕令我非常震撼，這些身高一百九十

公分體重一百公斤的大漢，他們的「小弟弟」竟然沒有比我大，這真是太令人震撼了。我的感受深刻到不行，真的，我幾乎立刻覺醒。

英文有句俗諺說：「不要光看書的封面就決定內容好壞。」性器官長得怎樣無關緊要，因為當你接通電路，所產生的效果完全一樣。任何男人只要接上電路，他的感覺與其他接上相同電路的男人，完全一樣。任何女人只要接上電路，她的感覺與其他接上相同電路的女人，也完全一樣。

當然，這當中還涉及不同的個人習性。但是，如果你能體驗到我說的重點，那就是當你接通了正確的電路，一切都是一樣的——所有的習性統統不見，一個女人變成「女人」，一個男人變成「男人」。每個女人外表都不一樣，但是在「陰」性的女性本質層次，卻是完全一樣的。這就是靈修生活的最大奧祕。你曾注意到嗎？這是你們應該知道的事情。我希望大家能明白「都一樣」的道理。

靈修的顯法告訴我們，修行有不同的層次進路與不同境界，修行人必須持戒，依照某些法門、儀式，循序漸進……因此沒有九年、十年的工夫，很難登堂入室，也看不到修行門內風光。但實際上，所有的人只需要一張電路圖，就能啟動系統，而且一點也不稀奇。男人與女人都一樣，因為在本質層次只有唯一的神，唯有神。

要怎麼返本？返本是當人體會到只有唯一的神，他立刻化為永恆，而不是寧願片刻的自由後再入紅塵。返本一點都不難，人不能成為性愛至上的種豬，男人不能變成痛恨女人所以才要騷擾女人的怪叔叔，女人也不能成為痛恨男人的強悍女性主義者，人不能成為解放男或解放女……這些都是返本的障礙。在你成為男人或女人之前，你必須先成為人；在你做愛前，你必須先成為愛人；在你充滿色慾和熱情之前，你必須先知道歡樂；在你貪婪之前必須先慷慨；在你迷信、偏見之前，你必須先開放、同情。一個人對於他的真實觀必須非常放鬆，「應無所住而生其心」，允許智慧的火花播種、生根、發芽，然後才能以行動促成願景。

在眾人面前大力推崇家庭倫理，可是回到家卻痛毆老婆與孩子，這樣是不行的，你必須實際修行，不是用嘴巴。

就這麼簡單，不是嗎？

52 飢則食，欲則交，睏則眠

許多人熱衷修持譚崔真言，我教你們最簡單的一句：「飢則食，欲則交，睏則眠。」這樣的生活好像很棒，非常自然，非常滿足，很刺激、很新鮮。

然而，實際上譚崔真言是最難奉行的誓辭，因為條件最嚴——不是客觀條件，是內在條件。「飢則食，欲則交，睏則眠。」是世界上最難做到的事情，因為這個真言擺脫了「自我」的羈絆與牽扯。僧侶的清規戒律反而容易奉行，因為已經白紙黑字規定，「自我」拿它們沒輒，只能乖乖遵守。修道的誓言早就把自我排除於外，當然，自我會抗拒、掙扎、反彈，但不管有什麼動作，戒律一就是一，非常清楚明確，所以奉守者只能以意志力守戒不輟。

但是要奉行譚崔真言，所需要的遠遠超過遵守規律的決心。修行人可以發心遵守世界上所有的戒律，但這樣有什麼好處呢？如果他沒有分辨篩選，一律奉行，難道這樣的「苦行」就能成道？重點就在這裡，能夠分辨篩選必須具備超強、清晰而深刻的辨別力，而不是表面意識的辨別力。這種深刻的辨別力可以讓人覺察到每一個精細的動作與感受。在譚崔修鍊中，我們不是要把鉛化為黃金，那是傳統鍊金術。譚崔之道就像俗諺所說的，要在乾草堆中找到鏽花針，但實際上我覺得，那更像在糞堆中找芥子。當然，這個鍊金過程是最高覺知在發揮作用，而不是最高級的化學知識。

辨別力就是能分別「自然之動」（本質的動）和「自我之動」。「自然之動」是在神聖的影響力之下，對當下所起的自然反應；基本上，那不是對一個男人或一個女人起反應，對個體所起的吃、睡、性等等反應是「自我之動」。「自我之動」是自我在嬰兒或童年期所建立的，那是自動、持續的習慣性反應，那是自我為了求生存，避免生命被滅絕的必然策略。

所以性愛修鍊很重要的一點，就是不要緊張，不要慌張，全身放鬆下來，心情也很放鬆。好好發展你們的關係，關心對方，注意對方，給予對方「精神糧食」。好好去做，好好去感受這些最平常的東西。

53 我們無法決定什麼時候

當真正的譚崔啟動，它就啟動了。啟動之前，它沒有啟動。我一向喜歡研究東研究西，所以收集了相當多有關身體知識的資料，但是當我從自己的經驗中了解某些東西已經啟動——而且這項經驗是以前未曾經歷的，儘管我有很多研究知識——我很清楚，身體終於實際體驗頭腦已經知道的東西。

因此，世界上種種稀奇古怪的「譚崔儀式」實際上毫無意義，除非你真正啟動，真正感受到啟示，只要一啟動，那就是真正的啟動；啟動之前，就沒有啟動。好像風水輪流轉，你中了樂透彩，生命有時候像擲骰子，每一個人早晚會啟動，擲中該贏的數目。

你做任何事都不會增加擲中的機率。你無法增加機率，但你可以練習。不論你的性經驗多豐富，跟多少人做過，或是玩出多少花招，都無法增加機率。當譚崔一啟動，它就啟動了。生命就是這回事。我們的訓練就是為了發揮最大能力，在啟動、擲中的時候善用當中的啟示，而不是讓啟動快一點發生——因為我們做不到。

54 譚崔的兩個障礙和三個了解

第一個最大障礙

譚崔性愛修鍊的最大障礙就是「恐懼失敗」。「萬一我用錯誤的鼻孔呼吸怎麼辦？萬一我動作錯誤、觀想錯誤、持咒錯誤，怎麼辦？」譚崔之術的最大障礙就是，你覺得該做對，或是每一次都在想該怎麼做。放鬆！過去，你已經用你的方式做了二十五年，也沒出過大差錯，不是嗎？現在突然間，你學到一點呼吸技巧就開始擔心，怎麼回事？請注意，沒有什麼事是錯的，當你沒有預期卻達到高潮，或當你有所預期卻沒有高潮，或你用錯誤的鼻孔呼吸，這些都沒有什麼錯。

如果我們所繼承的文化經過數千年的錘鍊，如果我們的身體系統可以很容易和天生的體質達成平衡，那麼，我們真的要小心一點。可是我們卻是粗陋又粗俗的存在體。有些瑜伽

的書籍提到，如果你的鼻子在錯誤時間用錯誤的孔道呼吸，那麼整個神經系統可能毀掉。但是，大多數人都是粗陋的存在體，根本不必擔心會發生這種事。

就像我們在見識日本茶道的時候，為整個過程的高雅張口結舌。我們都是粗俗的存在體，但我們都喜歡親近高雅的事物，很幸運。當然，也許經過多年修行，你比以前更加敏銳，神經系統更純淨，這時候你開始會對更細微的東西有反應。

所以不必擔心譚崔做得對或不對，或是該如何講究光線、香味、音樂，這樣你反而緊張，比唸國中時邀請女生跳舞更緊張。你可以好好配合譚崔性愛的方法，好好思考它，但是千萬不要緊張兮兮。

第二個障礙

修鍊譚崔之道的另外一個大障礙就是「虛妄心」（vanity）。你準備好，要進入真正的性交流（真正的譚崔），事後，你可能煥然一新，成為完全不同的人。可是，當你進入與當下渾淪合一的境界時，突然間虛妄心這麼想：「我會不會流太多汗？如果旁邊有人看，我的表現不知如何？我的頭髮會不會太亂？我做得正確嗎？」

虛妄心！當性交流的能量逐漸增強，自我的人格逐漸鬆脫，即將進入本質的境界時，虛妄心可能伺機闖入，暗中破壞。為什麼？因為虛妄心不喜歡被改變。

第一個了解

許多女人有性的驅力，可是往往被界定為生育驅力。在這個本能驅力的影響下，許多女人往往變成迷惘、缺乏安全感與沒有自覺的女人。太多的商品廣告與時尚雜誌不斷要我們信服，不論男女，應該隨時對做愛保持興趣，因為這是一種自然的驅力；我們可以無止盡交配，不用休息。對假感覺來說，沒錯，這好像是真實的驅力，但這是有條件的驅力，是扭曲本能的性活動。

性交流超越生殖驅力，說得更準確一點，性交流不考慮生殖驅力，因為性交流完全從高潮的驅力中解脫出來——雖然也可能發生高潮。然而，性交流也沒有排斥生殖，只不過性交流不會被道德議題弄得方寸大亂。因此，只要性交流存在，高潮的驅力就不存在；除此之外，不想要高潮的驅力也同樣不存在。

第二個了解

艾瑞卡・強格（Erica Jong）所寫的小說《恐懼飛翔》（*Fear of Flying*）描寫一位女士嫁給一名東方的精神科醫師。這名醫生在性技巧方面，是訓練有素的房中術高手，每一次做愛都讓妻子達到如醉如痴的極限境界；在心理方面，則知道如何扮演完美伴侶的角色。然而沒多久，這位女士開始覺得無聊，只有一個願望——希望伴侶能夠射出，不要總是交而不洩——也就是換換口味，嘗試不一樣的感覺。永遠的完美性愛已經不是完美性愛，而是無趣；任何永遠的美妙，包括性交流與狂喜，已經不美妙，而是很無聊。

只要你們的關係是性交流，持續好一段時間，但偶爾，你們也要只是乾柴烈火的性交……就像，你們坐上飛機，要去夏威夷；你們互相凝視，而廁所正好沒人，於是你們進到裡面，把門鎖好，在激情下互相性交。你們不是在進行性交流，你們是風流，像動物一樣撲了上去，這樣很好，很自然，很純淨。偶爾這麼一下下就夠了，很美好、很刺激。

下一次你們在一起，你們就是在性交流。

第三個了解

譚崔的修鍊並不是學習如何呼吸，然後回家練習，下星期再向老師報告有哪些收穫。譚崔是一種非常深入、非常深刻的了解，然後彰顯你的了解。如果勤修不懈，愈來愈敏銳，果實可能出現在幾個月後，或幾年後、幾十年後，不管結局如何，你至少有機會體驗性交流是什麼。

性交流本身不是修鍊的成果，我認為，只要有機會見識到性交流，你對性的所有想像立刻粉碎。在那一瞥之後，也許要經過多年，你的身體才可能修鍊得很協調，然後你們每一次在一起，身體與心靈都能交流。

「高級性愛」與交流毫無關係，交流與這些玩意兒不可同日而語。另外還有更高級的「宇宙性愛」，因為這太高級了，所以你只需躺著，一半的身體在床上，太高級了，你連睜開眼睛的氣力也沒有，而整個房間像鴉片館。這些東西與交流不同。

所以，只要你有機會一瞥性交流，所有你對於性的信念與預期，以及對性的習慣性反應，都會完全粉碎，但也許要好幾年，你的身體才可能修鍊調和，才有能力隨時交流。

55 大覺知的轉化，不因死亡而消失

心智（mind）是活動力很強的理解機制，有能力操控整個身體。心智很容易就能讓心臟停止跳動，如果它覺得有必要這樣做。

客觀知識——對每個人而言都是一樣的，不分男女、文化、年齡、宗教、種族——只有當我們沒有被心智影響、控制時，我們才能認出客觀知識。因此，如果有人想了解客觀知識，換句話說，也就是終極的自我發展，一種大覺知（Realization），那麼，早晚他一定會找尋方法，企圖處理或超越「心智」，還它本來面貌，不受其操控。因此我們必須發展出一套新的感受機制，不受心智或動機的擺布。

生命體是活物，不能僅以雙眼所見的限制界定我們的身體。我們這個有機的身體存在於許多不同的次元裡，因此，客觀知識的溝通是生命有機層次的溝通，不是知覺層次的溝通。客觀知識是透過有機管道做溝通的，人與人之間是完全的整合，是精細而不是粗糙的。這樣的知識所以是「客觀的」，那是因為我們的溝通是透過「場」（field）而不是「線」（line）的狹窄管道。譬如，當一整個房間的人都有相同的經驗，這時候他們是整合的，不必說任何話就能溝通，因為每個人都知道發生什麼事。這種每個人都感受到的普遍知識，就是交流的其中一種形式；而這個大家都能了解的溝通，就是「交流」。

這種大家都了解的交流狀態，並不是「心智」的作用；心智基本上很難像心靈的同情或同理那樣交流，如果真的可以的話也是膚淺。為了讓交流發生，我們必須整合細微生命體的各個領域，如果是兩個人，生命體要整合；如果是一打的人，生命體也要整合。這並非只是氣味相投，而是非常不同的理解與交融歷程；個人不再區分「你、我」，然而卻還能觀照到彼此的身體是分開的。

任何的單一性經驗通常只能滿足很短的一段時間，不能持續好幾星期或好幾個月。但是我們在這裡所修鍊的譚崔術卻能滿足好幾個星期，甚至綿綿無盡，身體會有很長時間的「飽足感」（我並不是在說生殖器互相黏住好幾星期）。真的，非常短的「結合」就能有非常長的滿足，但是一般人做不到，因為缺少生命體的溝通，沒有融合，也沒有精細的身體互惠。雖然兩個身體有非常親密的接觸，但這並不意謂其中有生命體的溝通。只要能性交流，一次的做愛就非常飽足，非常圓滿，也非常愉快，長達好幾星期，甚至好幾個月。

常有人問我：「如果進行交流的只有一個人，也就是說，與另一個人的本質交流，但那個人『毫不知情』，這樣也能達到生命體的整合嗎？」當然，當然可以整合。「如果性活動達到全然的滿足，他還會渴望性交流嗎？」當然，當然，為什麼不會？人可以跟巴哈的音樂交流，跟繪畫交流，跟法國雕塑家羅丹的作品交流，性交流不會只局限於性活動。

為了讓鍊金術發揮客觀作用，我們必須在所有層次，讓更多的生命元素整合起來。這個整合是「本質的交融」，這是真正的交融，不是汗水、血水，眼淚或體液的融合。

生命體在互相整合時，必須要放鬆。放鬆就是不要進行攻擊、干擾而讓肌肉緊張的事情，而且也不要進行你還沒準備好的事情。那是一種障礙的清除，事情才能順其自然。通常，心智是障礙的始作俑者，讓交流無法發生。

「客觀意識」（objective consciousness）不會被心智操控，會被心智操控的叫「主觀意識」。主、客觀的差別就在於此。在任何時刻，客觀意識針對特定的刺激只有一種反應；客觀意識針對刺激的反應沒有選擇性，不懷疑也不困惑。主觀意識不一樣，有非常多的選擇性，可以根據情緒或觀察資料，再透過批判或分析的方式，做很多很多的選擇。每個人的存在樣貌都不同，這和心智有關；但就算覺知到客觀意識，我們的存在樣貌還是非常不同。就像耶穌、佛陀和其他聖哲，雖然有相似的地方，但是存在的樣貌卻非常的不同，都非常的「原型」。

凡是生命體都會消亡，非生命體便留存——以生、死和形體的轉化繼續留存；非生命體就沒有所謂的死亡。客觀知識（objective knowledge）的溝通管道會隨著人的死亡而消失，但溝通場（field of communication）並沒有消失，也就是說，客觀知識除了存在於溝通管道中，還被儲存在某個地方。這是一個很重要的觀念。客觀知識一定會被傳送、接收，並且運用在溝通管道以外的地方；如果停留在溝通管道中，就沒有用了，只有暫時的可能性，但不能繼續被使用，因為身體一死，它也消失了。

客觀知識本身一旦被意識到並且產生作用，就不會因為肉體的死亡而消失，它會進入「連續流」（stream of continuum）裡，這是一個綿綿不絕的永恆創造場。

生命體的交流，無論那是性交流或其他交流，目的是在生命體之外的其他地方建立客觀知識。生命體的「用」只是工具，目的是在「超越」生命體。生命體的交流不能僅是獲得宇宙經驗或超越的喜樂，它同時也要把訊息儲存，儲存在有壞有死的腐朽領域之外。

56 性交流的三個周期

性是人類身上最強大的驅力，而性交流則是人類身上最微妙、最難得的機遇。

性交流安住在「不可思議」之中，但你可以很輕易就摧毀這個「不可思議」。例如，你覺得一定要用某種特定的方式進行性活動，那麼，讓性交流成為交流的可能性立刻就會被摧毀。

性交流並非跳到伴侶身上，「遊龍戲鳳」交纏兩個小時，有三十次高潮，精疲力盡累得半死（也是不錯的性愛）。你可以操控能量擁有美好的性愛，甚至宇宙性愛……但無法操控性交流，因為它安住在「不可思議」處，而不是存在有某種開關的身體上。即使較高的能量中心被啟動，性交流也不一定會出現。

如果關係中缺少「不可思議」，那麼性交流就不會發生。人每一天都在改變——但是在關係中不必然會以同樣的方式與同樣的速度改變。在關係中保持「不可思議」很不簡單——

—這是非常棘手、非常困難的歷程。但這一切仍然可以做到，特別是如果你願意花時間等待。

每次有人問我譚崔與性交流的事情，我總是說：「你們的關係有好幾年了嗎？先說說你們有怎樣的默契。」性交流一共有三周期，這三個周期與我在別地方所描述的靈修三階段大同小異，同樣也適用於關係發展。

當人做出「突破」時，他是從某一個點移到更高點，但是，人是無法「突破」周期的。超越或進化就像不斷擴大的螺旋，每一個周期都充滿能量，與先前的周期連成一氣；也就是說，當人更趨成熟，或進入轉化的歷程中，原先的周期並沒有改變。

譬如最基本的周期就是「熱戀—冷淡—懷疑」。一對情侶，羞答答見面，然後海誓山盟，這時候他們並沒有覺知（或習慣性否認）未來可能出現的意見不合、個性摩擦或種種危機（荷爾蒙總是使戀人發昏）。經過了好一陣子，悸動的心終於明白深化關係的不易（儘管對一些成熟的人來說，也同時充滿喜悅），這時，如果其中有人本來就不是很積極，戀情便開始冷卻，互相冷淡一段時間後，懷疑便開始滋生。

如果懷疑被好好處理，就像修行一樣，把它當作自我覺察的機會，然後產生領悟，就會進入螺旋式進化的第二周期：「領悟—挫折—懺悔」。領悟之後將進入挫折階段，那是一種不太順利的感覺，因為總有點摩擦而覺得焦急或不耐，此外當然還有其他的挫折。在第

二個周期中，你知道被挫折纏身，可是沒有其他選擇——你不會有其他的關係（在第一周期的冷淡階段你有很多選擇，可以發展其他的關係）。這一階段的挫折不會讓你想去找別人，因為你已經體會，沒有其他人了！你沒有任何選擇，你只是挫折！

你只是挫折！性不再那麼有趣……你們的個性互相碰撞，她想要這個，你卻要那個，你們覺得萬事好像兜不在一起，但是沒有其他選擇，你們不再騎驢找馬；然後你們突然明白，已經進入第二階段，你們必須處理挫折，而不是做別的事。這是關係中的成熟層次。由挫折所帶來的張力，將帶著你們進入懺悔階段……

所以，你們從「熱戀—冷淡—懷疑」開始，進入「領悟—挫折—懺悔」，然後再進入第三周期「自由的契機—未開發的性情—同情」。這個進程需要時間！你絞盡腦汁也弄不懂這是怎樣的境界，而且短短一年內你根本進不了第三周期。可是當你進入「未開發的性情」這一階段，無需千言萬語，你自然明白怎麼回事，因為進入第三周期，你已經體會很多東西！如果全心投入關係，要把「心結」化解通常需要好幾年的時間。每一周期可能循環多次，端賴個人的成熟度與譚崔修鍊工夫。

第二個周期裡的領悟，會在你的關係中創造很不一樣的「不可思議」；第三個周期的同情也是如此。

57 耶穌也是譚崔大師

耶穌對他們說：「當你讓二變一，讓內變外，外變內，並讓上變下；當你讓男人、女人這兩種人變成一種人，讓男人不再是男人，女人不再是女人；當你讓雙眼取代一眼，讓一手取代另一手，讓一腳取代另一腳，讓一個圖象取代另外的圖象，那麼，你將進入天國。」

——多瑪斯福音（The Gospel of Thomas 22:4-7）

真是一針見血的慧語！真是不懂，耶穌說過這麼有智慧的話語竟然沒有收錄到《新約》裡。他說：「當你讓二變一……」耶穌的意思是「當你看破二元對待，就看到不二……」耶穌是真正的吠陀大師（Vedantist）。當你不再用頭腦的概念做比較，不再重視個別事物而不斷拿其他事物來比較，那你就能進入天國。

耶穌同時也是譚崔大師。「當你讓男人、女人這兩種人變成一種人，讓男人不再是男人，女人不再是女人……」我們可以大膽推論說（很多基督徒認為是侮辱），耶穌曾到過印度與西藏，研究譚崔。好，即使沒去這些地方，他一定去過什麼地方修鍊，發現譚崔的精髓。譚崔絕對不是浪費時間的性愛儀式，真正的譚崔大師不會只針對女弟子說法。耶穌是說，讓男人成為女人，女人成為男人。在譚崔修鍊中，真的是這樣子，因為求生存的幻覺所造成的分裂本體，在譚崔修鍊的過程中不再吸引我們的注意。

女人比男人更容易「失去」自己，因為男人更缺乏安全感、更死板，他會一直想到自己正在「性交」或「被性交」。男人往往會把自己保留一點點，藉機觀察整個過程。在進階的譚崔修鍊中，會完全不知自己正在「做」或「被做」，因為整個二元對待的「分」，在螺旋的結合能量下完全解消。有時候甚至忘了做愛正在進行，甚至忘了自己是男人或女人。

當我們還是小嬰兒時，被戴上藍色或粉紅色的小帽帽時，性別角色已經底定。我們的角色是文化或社會界定的。可是，我們竟然能夠進入忘了自己是男是女的時刻！這太令人震驚了你們知道嗎？

耶穌會這樣說：「法門千千萬萬，先生小姐們。」他說，你們可以進行吠陀之旅，這是一個「不二」的旅程（第一種選擇）。當然，你也可以走進 **Neti, neti**——「不是這個，不是這個」——這條路（第二種選擇）。耶穌說：「讓外變內……」他的意思是，在上帝眼中，沒有任何東西是對立、分開的。然後耶穌說：「當你讓男人、女人這兩種人變成一種人，讓男人不再是男人，女人不再是女人，那麼，你將進入天國。」

這就是譚崔的進路（第三種選擇）。

接著耶穌又說：「好，如果這三條路不合你的胃口，再試試另一條如何？」當你讓雙眼取代一眼，讓一手取代另一手，一腳取代另一腳，也讓一個圖象取代另一個圖象……於是他說：「好，回復你本來面目如何？你根本不知道自己的眼睛，當你用真正的眼睛取代你自己認為的眼睛，這就非常好了。你可能認為自己有手，但你根本不知道什麼是真正的手。一切都是『自我』在作祟。當你真正知道這是你的手，當你讓一手取代另一手……你就悟了，你就可以進入天國。」這是純粹的禪（第四種選擇）！耶穌提供弟子四條進路、四種選擇。這四條路都能讓你進天國，但是你必須好好修鍊。選擇一條喜歡的路吧！

58 以覺性進入「一」

兩個人含情脈脈凝視，高高興興在一起，這不是性交流。性交流是能量的連結，是完全覺醒的意識之一。這是做愛所應該達到的境界，人已經不重要。

如果兩個人帶著這樣的心意做愛，就可能達到完完全全覺醒的境界。

其實譚崔是不是一定要兩個人根本無關緊要，一個人也可以「交流」，這就是譚崔「點火」（initiation）的精要。點火的啟動者將帶動另一人進入性交流的境界，傳統女祭司的譚崔修鍊就是如此，然而這不是現在我要談的重點。我要說的是覺知，女祭司就像有所覺知的靈修大師，她能啟動也能帶動，因為她從覺知中創造出自由自在的新覺性。

如果以這種覺性方式運作，唯一要注意的就是當下的神聖影響力。你的注意並非平常時刻的掃描方式，而是非常的堅定與專一，你的覺性鎖定在當下最需要的。

有時候你會進入「一」，這是統合的整體境界，你不知道什麼時候會進入，也不明白如何進入，但你在裡面感覺超棒的。有時候為了進入這個點，你們兩人必須搞到精疲力盡。有時候你們精疲力盡是因為延長性活動所致。但是，這樣的做愛在某個時刻可能非常沉悶、非常無聊。所以，你們該怎麼辦？你們的性在無聊當中——這就是交流點。如果鍊金持續進行，你將發現，性愛機器變得微不足道，真正重要的是境界中唯有「一」。

交流的最後結果就是，境界中唯有「一」。為什麼？這不關我們的事，雖然很奇怪，但真的不關我們的事，更何況我們也不知道為什麼。當然，我可以提出許多玄奧的形上解釋，但那都不是重點。「為什麼」這個問題不關我們的事，「去做」才是正事。為什麼「去做」才是正事？因為我們有能力，而且效果是自明的。

59 在精氣層次，保存和交換能量

譚崔之道有兩組不同的關係。其一是，男人不射出，女人在做愛過程中有多次高潮，但她的高潮不引發男人的高潮（除非是細微、整個身體的高潮）。其二是，男人與女人忍住高潮，好好利用身、心即將達到高潮的這股巨大能量。他們利用即將達到高潮所產生的能量張力，讓整個身心逐漸平穩下來，這是第一波段；然後再開始第二波的努力，一直到臨界高潮邊緣，再利用能量穩定身心。就這樣一波又一波，利用高潮前的張力穩定身心，每一波段愈來愈高昂，能量愈來愈強大。

這就是譚崔修鍊得以幫助並加速轉化的根據，因為整個動態能量不斷被開發，這個過程就是鍊金術。不過話說回來，我不是要大家永遠不能有高潮，這樣的要求太不通人情，太造作，也不切實際。因此，男人與女人要開始練習的是如何保存高潮，而不是完全「消滅」高潮。

試試看一陣子沒有高潮的做愛，當然，這並不是指每一次都不能有高潮。做個小小的實驗，不要排斥種種可能性。在某些情況下對男人來說，射出的高潮具有特殊的目的，例如，那是一種交配後的精液「旅行」。總之，我們不必限制種種可能的範圍。

不管男人、女人，對此一領域的修鍊有些害怕或存著不確定感，這是可以理解的。對眾多的男人來說，保存高潮這樣的觀念非常奇怪。頭幾次做愛時沒有高潮可能是一種意外，也許他們讀過有關譚崔能量的書籍，但是要親自一試可能仍有障礙。

其實，在實驗的過程中非常重要的一件事，就是尊重對方的反應。有時候稍微的變化真的會帶來很大的不一樣！在適當的時間轉個彎，不要進入高潮峰頂，確實可以讓身體平靜下來，讓下一波更激烈的活動開始醞釀。

互相尊重對方的反應並不是要你緊張兮兮，隨時擔心對方怎麼了。女人不必擔心是否全程太過主動，結果讓男人射出。其實，如果女人完全玩瘋了，只顧自己的享受，那才不容易照顧伴侶的反應。

你們不必特別找時間坐下來嚴肅討論，大致上，在做愛之前只要有心，互相了解想要來一次性能量轉化的實驗，你們的雷達就會開啟，進入自動導航系統。

我同時推薦，不論男女，特別是女人，要注意高潮能量是怎麼來的，以及如何通達全身

——穿透神經系統——而不是任其虛脫消散。注意這股能量才能逆轉，類似「回收」一樣。我並不建議藉著施壓身體的某個點，來壓制男人的高潮，同時也回收精液。很多的譚崔書籍都有類似的技巧介紹，但我不推薦，雖然技巧上這是可行的，但是這個技巧落在「精液」層次，我推薦的是「精氣」層次的能量，是伴侶之間的能量互動。

如果男人願意考慮沒有射出的體內高潮，那麼他就會有更多的耐心，不斷與女人交流，而不是只顧著滿足射出的需求。雖然不論男女，內在的高潮都是要從生殖器開始，但是它不只是局部的，一旦經驗到內在高潮的滋味，一定會覺得更美好；經驗了幾次後，生理需求的生殖器高潮根本就不值一顧。但是性器高潮的需求偶爾還是會升起，因為畢竟這是人的原始本能，不過，只要你發現讓能量往內發展的方法，不再往外發洩，也懂得一起做能量交流，那麼，生殖器高潮的需求就不會經常來打擾。

內化的高潮不是緊繃爆開之後的鬆弛，內化的高潮實際上是更興奮的愉悅。爆炸性的高潮讓整個身體達到高峰後就逐漸下坡憔悴，有時候還令人不舒服，根本不是享受。解決之道就是把能量當成燃料，於是你才能「旅行」，可是爆炸性高潮過後，你全身鬆懈，很累很懶，什麼地方都「去」不了。

交流就是其中關鍵。不論交流過程中你們是保存高潮、沒有高潮、逼近高潮，十五分鐘的性遊戲或三小時持久戰……真正重要的是交流。

伴侶們可以各自處理自己體內的能量流動，或一起處理男女間的陰陽能量。如果是獨自處理，那麼性活動就像接上兩個通路的發電機。如果是一起處理，那麼身體就有兩個接觸點，生殖器與面部。整個能量的連接處可能是嘴對生殖器，或是生殖器對生殖器，這都不是重點。臉部的接觸點可能來自雙方眼睛的互相凝視，或是透過同步呼吸接通能量。那可能是嘴、呼吸、眼睛的結合，也有可能是「第三眼」的接觸。但對於大多數不懂瑜伽「第三眼」現象的人來說，眼睛、呼吸、嘴巴與生殖器是最平常的接觸點。

如果你們鎖定的是嘴對生殖器的接觸，那麼兩人最好都用這種方式，這樣才能讓陰陽能量做最佳流動。若是採用生殖器對生殖器的接觸，當一個人在進行呼吸瑜伽時，另一人可親吻他的頸部，繼續保持身體接觸。當然，你們可以直接面對面，但似乎不必如此，因為這種姿勢可能很好笑，特別是真的有人忍不住笑出來，整個氣氛可能中斷；或者你們過於嚴肅，結果讓緊張的身體打擾你們的心情。你們應該盡可能放鬆，我知道有時候這不容易做到，因為你們太在意了。

女人很可能想實驗一下，控制自己的高潮，看看身體有什麼反應，了解能量如何流動，或流向哪個點。

任何方式的性遊戲，最好都能遵從本能所發出的信號。有時候本能說，現在最好不要有高潮，可是其他時候可能沒有明確的信號。如果信號很清楚，那就遵從，盡可能遵從。另

有些時候，兩個人可能都很high，大家非常投入，欲罷不能，可是卻有個聲音說：「慢下來，不要動，暫停一下，先互相擁抱，互相靠著休息。」通常在欲罷不能的時候，兩人都不聽話，因為如此的激情之夜等太久了，怎能輕易放棄？可是我非常建議，只要整個訊息很清楚，就好好遵從。這麼清楚的訊息可是你那一晚最正確的化學反應結果。

當你們的性愛達到某個點，整個譚崔修鍊就是劃時代的里程碑。當然，你們可以停在這個點上，你們有非常美妙的感覺，而且是非常成功的性關係。但是，停在這個點上就是停滯，沒多久一定退化、腐化。因此，如果你不是繼續成長，就是停滯或是退化。如果你繼續成長，退化也將是一種成長。死亡變成「另一種旅行」，而不是「慘了，我快死了！」對於不想持續成長的人來說，死亡就是退化，他們將拿起各種武器，抵死不「進」。

所以，你們來到性愛修鍊的新里程碑這裡。然而這並不意謂你們的性愛更火熱或更刺激，而是你們的交流更加深化，那是以前所不曾有的經驗。

在經驗到這些東西之前，你們無法知道其中奧妙！

*　　*　　*

許多女人一直被教導，而且也這樣相信，她們的工作就是要取悅男人。過去四、五十年來的文宣廣告也一直告訴女人說，她們存在的目的就是要取悅男人（此外還要生孩子，打掃家園）。所以女人常因此認為，如果沒有讓男人射出，男人就不會滿足；如果男人不滿足，她就沒有做好自己分內的工作。這個深植內心的程式說：「……如果他沒有射出，他就不快樂，而我，是個失敗的女人……」

剛開始練習保存高潮的時候，很多女人常常猶豫不決，她們不希望男人沒有射出。如果你是女人，深入分析自己的猶豫之後一定會發現，整個猶豫是根植於無能感上，覺得自己是失敗者的無能感。女人經常有這種感覺，即使男人說：「我雖然沒射出，感覺還不錯，射出的話全身乏力。沒有射出時，我對妳的注意力更強。」女人在這個領域仍有很多的不安全感。

相對來說，在生理上避免高潮容易許多，心理上與感覺上覺得高潮被消滅了，才是大事情！對男人來說更是如此，而女人比較不那麼在意，因為女人很容易讓自己的身體重新敏感起來。男人要有生殖器的射出才覺得自己是一尾活龍，這才是男人！因此，開始譚崔修鍊之前有必要心理上先調整好，而這正是自我修鍊的好時機，隱藏好幾年的「垃圾」全會跑出來。總之，一切的重點不在於每一晚是否「達到目的」，這樣的目標太膚淺，而且跟自我形象與大男人心理有關，所以才會有射出高潮的情結。

練習「非射出」性愛的男人，遲早可以控制射出的心理驅力，但是他的身體會周期性出現強大的射出欲望（而且是愈快愈好，然後才能做其他事情）。如果男人通過這個點，也許四十

五分鐘或一小時，之後整個身體將平靜下來。然後他的性活動可以再慢慢加溫，直到他克服第二次高潮的驅力，再一次，他的身體平靜下來。接著，他有更大的餘裕運動——性活動——而不是像懶貓一樣死躺著，因而沒有射出。接下來另一點又將來到……如此循環不已。

我不了解女人是不是也是這樣，但是每次循環到那個點，男人就愈來愈不容易通過。一旦處理好心理課題，第一個點很容易過關，因為高潮在此時較弱。但是性交流愈長久——高潮好像要從身體每一個角落迸出來——男人射出的驅力就愈強大。雖然高潮的強大驅力會離開好一陣子，但突然間又會回來，而且力量比上一次還大。對男人而言，性遊戲愈持久，高潮（射出）驅力的時間間隔就愈長久，也就是說，循環的周期時間拉長了。

* * *

射出的高潮有不同類型。如果男人「努力衝刺」並竭力忍住，身體會愈來愈緊繃，一直到爆出高潮，這時候的射出非常有力，但是也非常消耗，精疲力盡。如果男人是在非常放鬆的狀況下射出，高潮就有很大的不同，不會精疲力盡，整個神經系統沒有爆炸，只是能量轉化而已。

在特定的情況下，男人與女人體液的化學物是鍊金過程的必要成分。放鬆的射出會生產出必要化學物，但是卻不會有爆炸性的精疲力盡。放鬆式的射出才能對彼此的身體產生合一的同情感，然後在愛意催促下，讓一般的化學物刺激出更為精良的化學物質。整個鍊金的神奇魔力完全瀰漫兩人，他們不必刻意去做什麼，一切就那麼自然發生了。

* * *

十二、三世紀的中國，富貴的上層階級男人大都一夫多妻，擁有二、三十名的妻妾、婢女。這個男主人必須「服務」眾多女眷。他會使用交而不洩的房中術吸收她們的陰氣，然後在每個月的固定時間，男主人與第一夫人同房，把所累積的陰氣射出；而這位夫人也受過房中術訓練，懂得如何以陰補陰。這樣的典故有兩件事值得注意，第一，性能量是可以被吸收並加以擴大；第二，射出時可以排放能量。

雖然如此，我對這個典故有點小小不同的看法。

非射出的性愛不僅是男女之間的性遊戲，同時也是男性與女性的能量結合，這會有兩種情形：首先，他因為沒有射出，所以會把女人帶到某個點，然後射出了，女人的體液與他的混在一起，然後他的身體吸收這些液體。其次，男人與女人性結合的能量被他的意念或更細微的方式採集。這種「保存射出」的方式讓沒有射出的精液，包括一些準備製造精液的荷爾蒙與分泌物「還精補腦」，這些體液沿脊椎上升到腦部，刺激腦部分泌腺體，再送到全身。

當然，整個過程中的詮釋應該落在「精液」或「精氣」層次仍有很大的歧義，我傾向於更精細的「精氣」理論——男人與女人真正結合，然後交換能量。在能量交換過程的某個點上發生了鍊金的質變，能量不再分男女或陰陽。這時候男女都是平等的、一樣的，都能從能量的結合中獲益。有時候男人可以吸收女人的陰氣，在這種狀態下女人相當於發電機或蓄水池。

在能量交換中，男女的體液有一定的功能，甚至很可能是關鍵功能。可是能量交換之後，體液就不再那麼重要了。譬如，當精液完成它的目的後就是一堆死物質，可以被清掉（這都只是理論，不過卻是我的看法）。

現在比較重要的部分就是，有沒有真正交換能量。物質本身不會神聖化，但之所以神聖是因為能量帶來轉化，經過一段時間之後，從粗糙的精液化為更為微妙的精氣。關鍵就在於轉化有沒有發生，因為在鍊金過程中，如果轉化尚未發生而物質卻被釋出，基本上整個實驗就是毀了，你必須從頭開始。就像煉製丹藥，可能要數星期到數個月的時間，中間如果弄錯一個步驟，數月的苦工白費，得到的東西也毫無用處。同樣的道理，如果轉化尚未完成就已射出，那麼不管之前多努力或多完美，一點用也沒有，什麼意義也沒有。除非你完成整個周期，否則得不到任何成果。如果你沒有完成整個周期，基本上也不會有任何傷害，只是無法從中獲益，你只是回到原點而已。

60 把高潮放入眼睛

有些女人認為，她們應該盡量搖、盡量叫，盡可能主動，這樣才能令男人滿足。有些女人則害怕做這些事，甚至連睜眼偷看一下都不敢（如果女人害怕偷看，男人會覺得索然無味）。但是，說真的，有一種高潮，一種讓你「飄飄欲仙」的高潮，可是卻不必有所動作，不必洩放能量卻能達到極度的狂喜（實際上，又搖又叫的動作，對於性愛有百分之九十的妨礙；它干擾身體的運作，也讓我們分心，沒辦法注意更高的能量中心）。所有的山，不論多高，經過一定的時間，最後都會變成山谷；最美好的性只能在山谷發現，而不是高峰。

女人知道，男人不喜歡死魚。相信我，男人真的不喜歡，除非那是壽司的生魚片。但是在性活動中有一種更高的可能性，溝通就發生在山谷。透過眼睛、喉嚨或雙手的溝通，不比狂野的搖動與喊叫差。適當的低吟甚過一千個喊叫。但這並不意謂你的身體應該不動

如山，反而是，掉入神經質的驅動不如自然而動，被神經質驅動的身體只會強化負面的模式。

身體的第一個感應有如電光石火，非常強大。但是，如果你讓張力慢慢在身體擴散，那麼，高潮與醞釀中的張力相比只算是底部，不斷發展的張力才是高處。

這不是說不能動、不能叫，或要一直躺著。只是躺著不會有交流。可是，想像一下，把身體所要的東西放入眼睛，情形就不一樣了。女人經常問：「我應該如何服務我的伴侶？」我提過男人變成「女人」的法門，對不對？一個女人幫助一個男人變成「女人」的方式，就是與他進行性行為時，把妳的高潮放入眼睛；只要他看到了，你們的溝通就會讓他成為妳的奴隸。你們已經講了十五年的話了，「一定要把我們的關係搞好……」、「妳要更加開放……」、「我知道，對男人來說這真的很為難……」只要男人看過妳放入高潮的眼睛，一次就好，勝過十五年的千萬話語。

61 成為伴侶的「紅粉知己」

「紅粉知己」（consort）常用來形容與某男人有點什麼關係的女人，而這個男人可能已有妻室或已經「死會」。所以「紅粉知己」有時候代表「又有另一個女人」，但實際上這樣的說法很草率。更精準一點說，一名可以有性關係的紅粉知己，是一個生命重心相當穩定在第四脈輪（心輪）上（或以上）的女人。生命重心（center of gravity）是脈輪系統中的某個點，對環境的回應由此產生。一個女人如果生命重心不高，不可能成為紅粉知己，因為她容易分心，集中生命精神的能量不足。因此，紅粉知己也意謂著一個作用，就是拉高男人的生命重心。

紅粉知己有可能是自己的妻子，或受過訓練的女子，她們可以用能量提升男人的生命重心。因此，如果男人的生命重心不高，穩定度不足，紅粉知己是他們的珍寶；如果男人的生命重心比女人高，那麼他就是女人的知己。婚姻中，在各種時間和心境裡，每個伴侶都應該是另一半的知己。

實際上，紅粉知己拉拔男人的生命重心，並讓這個點更穩固，這樣的說法不是很精確。應該是，這個女人彰顯自己的「存在」——彰顯她的本質，並彰顯她與神性的關係。日本的藝妓就受過訓練，能夠移動自己的生命重心，往上或往下，非常類似瑜伽行者。她們可以選擇，要把注意力放在哪個能量中心，因此，她們的生命重心不會突然下沉。

如果男人的生命重心在第四脈輪以上而且很穩定，他沒必要弄個性愛知己。不過話說回來，一個人的精神導師也可以稱之為另類的知己，如同「神聖的愛人」。人一直在渴望、找尋，與這樣的知己進行無止盡、無間斷的交流。為什麼女人可以移動生命重心到更高的層次？因為她們可以與「知己」——神聖的愛人——交流。所以，每一個女人應該是她的男人的知己。

女人有沒有能力成為紅粉知己，關鍵因素就是「隱」（invisibility）。缺少「隱」，一切都會變得混淆。「隱」是一種與自己本來溝通的能力，沒有任何模糊地帶，也不會有一堆包袱。知己的作用與關係或性無關，也與愛或順服她的男人無關，而是與能量有關，而且與陰陽有關，也就是，陰陽能量的互換與平衡。知己必須「隱」，因為互動的能量是非個人性的。能量光譜的最盡頭是純粹的本能，是物種的生殖，光譜的另一個盡頭就是從男人創造女人——夏克蒂與濕婆的遊戲就是讓濕婆變成夏克蒂。女性能量來自於男人的本體。如果你能深入回溯，就可以在傳統的神話中發現這些東西。知己的工作就是隔離並界定某部分的陰陽，然後讓陰與陽的能量活躍起來。

當女人同時是伴侶與紅粉知己，那麼就必須界定出什麼時候該是紅粉知己。因為女人跟她的男人在一起時，不見得願意隨時都在「隱」的狀態，否則她將完全失去自己，這時候就毫無關係可言。

理想上，女人應該像變色龍一樣——該「隱」則隱，不該「隱」則不隱。改變顏色並不是自我的決定，而是依照環境需要本能的改變。很明顯，這是非常高的覺知狀態。

知己可以處理三種能量類型。第一，力量中心（性能量中心）——在這裡界定、澄清並建立能量。例如有天晚上你們覺得該處理一下力量中心，這時候的「隱」代表著，男人與女人是以服務力量中心的態度進行性交流。這時候不必凝視對方眼睛，想著對方多麼美麗，不必，也不用考慮對方是否舒服或不舒服，氣氛、表情，什麼都不用考慮。整個焦點應該放在力量中心。知己要處理的第二種能量就是提升生命重心，也就是說把底層的能量移上頂輪。這可以透過性能量的交換而達成。

第三個要處理的能量類型與「男人」或「女人」的存在有關（要處理這個課題不一定要有知己，但如果有知己會比較好）。紅粉知己可以清楚界定男女之別，而不是在性交流時融入男人。

對這些事情你不應該太過嚴肅。對一個同時是伴侶也是紅粉知己的人來說，她必須很清楚知道什麼時候只是「做愛」，以及什麼時候是紅粉知己。對於跟男人有夫妻關係的女人而言，有時候性只是性，有時候性不只是性。真的很微妙，不是嗎？

62 男人是女人的管道

女人就是整個宇宙；所以理論上，女人要進入宇宙不需要男人，她就是宇宙。但是，如果一個女人無法進入她是「女人」的真實性，如果在性交流時她不能進入自己的「陰性」裡，那麼男人就是她宇宙能量來源的插座。男人可以讓女人轉回她自己。

女人讓這種可能性實現的方式，要靠意念。妳浮現一個意念，明白在性交流之中男人是能量、啟示、生命、超越的管道。然後妳安住在這個意念之中，這並不意謂要盯著他看，或是想像他是一條巨大導管，往上接到宇宙。這樣有創意的想像或觀想會有很多陷阱。

只要輕輕想著，你的伴侶是能量管道，你的意念自然會創造出可能性。

63 膜拜女人，就是修行

女人因為男人的膜拜獲得生命，然後女人才能給男人生命。一個不受膜拜的女人只是單一的雌性人類，是一片死肉，只有受到膜拜才有生命。要讓這一切運作，你必須懷抱「不預設立場的心靈」，因為膜拜並不是要男人在性行為之前焚香三柱，然後向女人行跪拜大禮。膜拜並非熱鬧的進香活動，也不是「主—客」關係，也不是男性對女性燒香敬拜。膜拜（adoration），是指放下「自我」進入神聖的境界，或換個方式說，膜拜是指人終於認識到，只要活著就無時無刻不能遠離修行，也離不開神聖。

女神就是實相，轉化的修行才能把自己渡到實相彼岸。所以，用我們人世的語言，「女人」就是修行。你與「女人」的關係就是你與修行的關係，應該充滿感恩與敬仰。最終極的感恩與敬仰就是膜拜。

要了解真正的膜拜，首先要從注意力開始。這個討論將涉及「不二的境界」（nondualistic level）。

當一個男人與一個女人在一起，他們必須把注意力放在對方身上。特別是做愛時更需要不動如山的專注。但是，男人的性通常不是做愛，是有條件、潛意識規定的性，完全以生殖器為導向。在男人神經質心理的運作下，性代表生殖器官、交媾、高潮、支配、操控、分離。這就是為何性不是做愛的緣故。這種性的結束才是做愛的開始。

* * *

我認為這個時代真正的民謠歌手非哈利・恰平（Harry Chapin）莫屬，他是如假包換的藝術家，因為他的音樂可以探觸到存在的能量中心。恰平有一首歌，〈寇里來了〉（Corey's Coming），精準呈現巫士的專注境界。

如果男人對自己的注意力沒有覺知，而是習慣性放在一個女人或其他女性身上，或是總想著情色，想趕快釋放高潮……那麼他的注意力就不易聚焦，聚成心念。要讓注意力變成專注，必須有能力照見自己的注意力如何自動投射，了解那是分心或妄想，同時也必須有能力管理注意力。即使你的興趣是在身體，例如你的性能量飽滿，已經好幾年沒有伴侶了，這時候你仍然要覺知自己的注意力，讓自己保持在清醒狀態，而不是墮入昏沉。如果做不到這一點，那就是被佛教所謂的「欲求」所牽，而這是「苦」的根源。

為了管理注意力，你必須願意單獨過活。當然，不是一定要這麼做，但是如果你沒有這個心意，就無法控制注意力，更無法專注凝神——把注意力放在某個地方。管理注意力之後會產生什麼不能有預期，也不能有限制，認為一定會怎樣怎樣，否則你將失神，產生更多妄念，甚至無法拒絕欲求的誘惑，進而引發恐懼或抗拒。每一位巫士都願意單獨過活，雖然很少人真的獨居，但是他們衷心願意。

有時候，一個不能專注的男人也會吸引某些女人，不過基本上他要的是性，高潮過後他轉個身便呼呼大睡，或點上一根菸，跳下床說：「好餓！妳餓不餓？」好像一個看著媽媽的五歲男孩。有一半的男人這樣，另一半的男人馬上矇頭大睡。所以，小心妳的選擇。

* * *

專注並非盯著別人看。如果你盯著別人看，內心反而忙碌異常，心念轉來轉去，根本定不下來。讓注意力定下來不是指感官，感官可以同時互相影響、互相作用，但不能讓注意力定下來。所以你不可能因為凝視或讓意念鎖住某個點，或在打坐時精神集中在完美的呼吸上，因此而讓注意力定下來。這些方式行不通。

為了膜拜「女人」，你可以追隨伴侶內的「女人香」。但是你的追隨或她的帶領，不

一定是有意的；只有非比尋常的女人才知道真正的方向，才能夠在覺知中指引方向。一個能夠指引方向的女人就是身心非常放鬆的人，因為女人的身體隨時隨地都在指引方向，能夠與性格、心理、心情抗衡，更能對抗雜念。因此，能夠指示方向的是「女人」，而不是「一個女人」的內心。

為了從「一個女人」那裡獲得方向，你必須先發現「女人」，而這樣的「女人」不見得一定要告訴你，把馬桶蓋上，把牙膏蓋好，或把髒衣服放進洗衣籃不准在浴室亂丟。如果你坐在桌子的這一端，問說怎麼到另一端，這不是指引。所以，了解什麼是指引，這一點特別重要。

如何讓「女人」給出方向呢？那就涉及如何放鬆自己，不輕舉妄動，然後才聽得到「她」的指引。如果一個男人跟一個女人做愛，而男人唯一想到的事情就是他的立場、他的快感，完全不讓「女人」向他展示任何東西，那就不會有聚精會神的空間。如果一個男人希望「女人」給出方向，他就必須放鬆，棲息在她「女人」的話語上——不是她的聲音，不是她的經驗，不是她的感覺，而是她涉及「女人」本質的所發之語。如果男人知道這個道理，他會跟從，因為「女人」總是在給予方向。

穿越心靈迷宮（labyrinth，古德〔E.J. Gold〕的用語）時，女人所給予的最大線索，不在於她是否快達到高潮。當女人搖動、呻吟時，不會給出任何線索或暗示。男人可能這樣想：「現在我們已經達到某個程度了，她正在嬌喘……好，門即將開啟。」女人正在叫床：「啊啊……唷唷……」這不是門！而是另外的領域。當女人徹徹底底放鬆，暗示才會出來。她將透過呼吸告訴你，透過姿勢與眼睛告訴你。

她的本質永遠在給予方向；她的自我則總是忙著給自以為是的方向，以至於真正的方向總是充滿雲霧。「沉默，唯有沉默，你才能真正認識『我』。」沉默不是不擅言詞，女人的暗示就在沉默之中。我們所要探討的東西裡，性是最低層次、最粗糙的隱喻，但透過性的隱喻，才能了解「有低才能有高」（As below, so above），走過最低層次才能體會更高的境界。

膜拜可以讓一個女人看見她的本質，當她看見，她立刻發現自己。

有些女人無法放鬆，當女人缺乏安全感，煩惱不斷，就無法沉默下來。有些女人的身體更是無法沉默，充滿緊張、焦慮，除非「餵」給身體一些營養，給它撫慰，給它一點滿足，否則它不會合作。現代有很多人參加所謂的譚崔工作坊，老師教他們永遠要接近高潮的邊緣但不要引發高潮。有些男人或女人學得頗有心得，但是更多人實現不了，主要的原因在於他們無法安住於沉默裡，而且他們的身體太不協調。他們需要一、兩次高潮，清除一些垃圾，免得讓自己的身體更亂。

在女人的身體成為自己的「進路」之前，在根本不知道自己在找尋什麼之前，她的心念

必須停止。如果女人在做愛中途內心不斷思索、判斷、下結論，她的身體永遠無法全然開啟。我猜想，女人的心念會在高潮時暫停個幾秒鐘。如果可以的話，女人在做愛時也應該讓心念因放鬆交流而停下來一段時間。然後女人會向男人顯示他必須知道的所有一切，帶領他走向他的天命。但是，只要她的心跑不停，即使耗費心思想取悅他、服務他，也不能帶來神聖的影響力。如果她的心跑個不停，她的身體也隨之起舞，這時候就不是「生命的純真」。如果女人的身體可以達到「生命的純真」，它就會向男人顯示一切。男人有時候會在女人高潮時剎那瞥見「一切」，但是時間太短了，男人來不及跟隨。當然，理論上只要一、兩秒就夠了，足以讓男人躍入境界，但是男人通常受身、心習慣的制約，忙著想其他「大事」，例如，她即將來臨的高潮有多巨大，於是，他不可能找到入口，或者即使大門已開，他也看不到門。

如果女人因為男人不是「真正的男人」而受挫，那麼她將錯失良機。一個女人必須讓一個男人成為「真正的男人」，幫助他，然後她才能獲得真正的生命。有了真正的生命只是第一步，但只有獲得生命才能真正做出什麼大事。

這個做愛的心情——真正的做愛——開始滲透到生命各個領域。當這一切開始顯現，跟她用餐時；當這一切開始顯現，跟她一起開車去看電影或參加社交活動時……這對喜歡掌握一切的「自我」來說未免太刺眼，因此，只要「女人心境」一出現，自我就想破壞；即便自我知道那是什麼，也知道它來自哪裡，可是，自我就想殺死它。這就是為什麼我們要修鍊，開發專注於當下的能力。對女人而言也是如此。當這個心境開始在女人的生活中出現，受威脅的不僅是她，她的男人也包括在內，自我的恐嚇威脅是不分性別的。

「女人心境」跟感覺有關，無關思想；但它會思考，意識流的思考，無關乎要求。感覺會要求，但「女人心境」是全然的，不必要求什麼。如果女人安住在這個心境裡，當她開始心動想要性，她會好好去享受；可是如果沒有性，她也樂在其中，有或沒有對她來說無所謂，因為她已經很滿足。那是一種不必靠任何人或靠任何東西的滿足，那是一種全然的滿足。「女人」早已滿足。當一個人覺得滿足，他的胃、生殖器、眼睛、耳朵，就不再支配他。修行才該是主導，而不是性格或心理機制。不過，需要一點時間才能信任這種喜悅的心境。

一個人如果連續好幾個月不吃東西，只攝取少量的蘋果與水梨，「看起來」也會有這種心境。我就見過這種例子。這位專吃水果的女人就像飄浮在祝福中，但是她氣血耗虛，病得不輕。她的狀態接近我們所描述的「女人心境」，但是很確定，那只是殼或外在。

我們對於「女人心境」的描述，也可以放在開悟上。「女人」就是修行。開悟就是修行。因此，開悟就是「女人」。

如果無法與某個女人發展關係，就不可能找到「女人」。不論這個女人有怎麼樣的自我認知，伴侶都必須了解並重視，這樣才能進入關係。我們必須先從自我開始，踏實點，我們都在發展與成熟的過程之中，所以要為彼此的修行與未來大願景提供服務。

＊　＊　＊

膜拜並不是有意的行為，但我們的確可以訓練自己，讓它從心底油然升起。我們不需要也不應該因為想發掘它而進入男女關係裡。

＊　＊　＊

一個男人與一個女人的關係，正如存在與肉身的關係，我們不必進入關係才能觀察男女。當然，進入關係的人可能觀察得更準確，但障礙也更多。要觀察男人與女人，隨時、隨地都可以。每一個超市中總有啤酒肚男，看著家庭主婦走過通道，自以為是想著，他們是上帝賜予女人的禮物。舊物交換的跳蚤市場也是觀察男男女女的絕佳地點，有沒有看到留著長髮而不穿上衣的嬉皮，如何與想買六十元綠松石項鍊的女人互動？不要只是批判說：「哈，這些人真俗！」看看男人對嫌東嫌西的女人有什麼反應。或者你是男人，而且想掌握人生，那麼也許你該走一趟男人脫衣秀，雖然他們可能不讓男生進去，但是如果有機會，你要觀察女性觀眾的反應。坐下來，用「不預設立場的心靈」看。就是在這樣的環境裡，你可以看到存在與肉身的區別。但是，你必須用「可能性」的角度，而不是以理性的角度。你不必妄下定論，這樣才能從眼中直接感受到衝擊。

肉身是我們的救贖。就巴霧斯思想而言，我們不是超越身體而進入天堂，而是透過身體。我們的任務就是，不再以過去界定身體的方式來界定身體，我們過去是以自我的幻覺來界定的，但現在我們允許用純真的本能看待身體。這不是為了在「臭皮囊」死去時，可以有繼續存在的精微意識。這不是重點。身體是「道」，因為身體知「道」（The Body knows，巴霧斯用語），心智不知「道」。

不要用男女關係的角度來思考膜拜女人這個課題——那是「存在」與「肉身」之間，而不是「一個存在」與「一個肉身」之間；後者是「個別」層次，像「我與伴侶」或「我與朋友」。個別層次行不通，但是，要到更高的層次，卻必須通過個別層次，「身」為男人和女人的層次。

* * *

我們都是「女人」，我們內在的男人需要膜拜我們的本質，並且讓那樣的我們展現在世上。意識是陽性；濕婆是純粹意識，是陽性。夏克蒂是身體，沒有濕婆就沒有夏克蒂。濕婆讓帕瓦蒂（Parvati，印度女神，濕婆之妻）獲得生命。帕瓦蒂坐在濕婆膝上說：「大師，

我快死了，我要如何重獲生命？」於是濕婆對她闡述「聖師讚歌」（Guru Gita）。印度神話的本質就是男人膜拜女人，讓女人得到生命。但是濕婆並沒有用我們以為的方式膜拜帕瓦蒂，濕婆是偉大的苦行者，他已深深入定，甚至沒有意識到帕瓦蒂坐在他的膝上；他並沒有以浪漫或感性的方式膜拜她。

濕婆統治夏克蒂，但是從他們的觀點看，那並非統治。對於還沒有悟到什麼的人來說，那才是統治。「讓步才能征服。」這是柔道的心法。在柔道摔跤裡，讓步並不會讓你被摔，相反的，對手會牽就你，你就佔上風。退讓才能發揮「強大處下，柔弱處上」的柔道精神。

同樣的道理，在做愛時男人拜服在女人腳下。當一個女人接納拜服在腳下的男人時，她的心一定會動，朝兩種方向動，一個是心門打開，想要擁抱那個男人；另一個是緊緊閉合。心，是一套盔甲，是面紗，是圍牆。

最後我摘要一下：膜拜，然後「女人」打開，男人被帶領。這一切的前提是，女人先跟隨男人的帶領。女人不會打開，除非被膜拜；男人膜拜，女人打開。男人在打開後跟隨——但是，為了跟隨，他必須能夠先帶領。

64 女人要放下千年的包袱，展現自己

當女人沐浴在被膜拜的光環裡，她並不會對自己的「真實存在」同時覺醒。為什麼不會？因為她一直在男人統治、女人纏腳的社會中成長。千年來的包袱，如果她變得真實、煥發、有影響力，那麼她將被凌虐、被毀滅；這個大包袱她丟不掉。而且，她還是自己最大的敵人。她甚至幫助男人（或在男人的要求下）形塑男人對女人的印象，女人也是這個共謀結構的一分子，看看今天眾多的女性雜誌就知道怎麼回事了！

而且，什麼可以讓女人信任並展示真實的自我？沒有！女人全部的生命一直遭到背叛，被男人背叛，被其他女人背叛，被廣告媒體背叛……她無法立刻遺忘，無法立刻原諒。她沒辦法！

於是男人問：「為了喚醒我伴侶裡面的『女人』，我該怎麼辦？」

我說：「你得捧她的腳，捧很長一段時間！意思是說，給她支持，感謝她；時間能治療，能讓她展現『女人』的本質。」

但是男人又說了：「你不明白我在說什麼。她總是盛氣凌人，要我怎樣怎樣。她很神經質，不停『修理』我，讓我覺得家很可怕……」

如果男人想要讓跟他有親密關係的女人覺醒，他必須讓她沐浴在膜拜的光輝裡，而且無論時間多久都願意。他必須耐心關照她，讓她走出深植於心的習性，因為過去的一切遭遇，讓她總是表現出盛氣凌人的樣子。

這一點同樣適用於即將變成女人的年輕女性身上。我們的責任就是不讓發生在她們母親和祖母身上的歷史重演。但不能光說不練，我們不能太專制，不能答應我們做不到的事；盡可能保持她們的純真，讓她們知道，不用裝模作樣，她們就很美麗，充滿活力；不要灌輸她們父權主義下的謊言（像那些行銷策略）。還有，讓她們知道以下這些事情的美好：自然分娩，養育孩子，自然的展現自己。

我們必須用生活實例讓年輕女生知道生命中可以充滿感恩與榮譽。如果她們看到多變的關係，如果她們看到母親（或父親）一年內換了四個伴，那麼也可能有樣學樣。而且，從開始學習壞榜樣那一刻起，就已經注定要遭到背叛，然後身心受創。她們不會被膜拜，也得不到忠貞、快樂或滿足，而是一卡車的災難、挫折而崩潰。

女人需要讓自己受到膜拜，並且覺醒。她必須有能力區分真正的膜拜，不同於奉承、吸引力或調情。如果女人感受到真正的膜拜和尊重，她就不會再為過去的歷史而指責她的膜拜者。

但很難不一竿子打翻一船人。女人早已發展出習慣性的防衛機制，為了自我保護她們不得不如此，甚至因而憎恨男人。然而，只要女人把焦點放在膜拜，而不是放在過去的不堪歷史，她就會知道自己只是一直在自我防衛，而不是真的痛恨男人。要不然，她就會繼續指責下去，並擴大指責的範圍，指責「所有」的白人奴役、虐待黑人；指責「所有」的德國人，因為曾經有個殘暴的希特勒；也指責「所有」的基督徒，因為過去少數基督徒殺過猶太人。

心理上，女人很想證明男人的膜拜不是暫時的，想證明當男人「得到手」之後——性、金錢，或任何男人想從女人那裡得到的東西——也不會停止膜拜。其實，如果膜拜是真的，男人不會想要女人的任何東西，男人只想看到她的覺醒，看到她的新生命，但是一切需要時間。在一般情況下，女人真的很想證明。

65 性變成愛，愛也要被超越

高潮不是性行為的最後結果，也不應該是。你繼續，沒有被高潮的驅力擊敗，這就是超越的性。然後你超越愛，只要你跟隨自然的能量前進。然後你將發現（對不起，我必須先提醒，否則你會很震驚），過去你一直認為珍貴、難得的性，現在根本不算什麼。並不是說在某個特定時間或某種特別的心情下你不會做這件事，而是，你已經跨越一般的驅力，不再迷執於不能轉化的性。當你飄浮在真實生命的祝福之中，性只是你跟愛人的隨緣關係，而且性的愉悅程度遠遠比不上生命的祝福，所以性才變成可有可無的隨緣，這種隨緣是很自然的關係。

基本上，性是一種對心理需求或束縛的舒緩。為什麼我們需要性？因為感覺很爽嗎？不，因為在性裡，我們感覺「死在某處」。我們在性裡面死去，而這正是一般人所追求的。我們「拚命」想要死，好結束受苦的生命。我們也「拚命」想要再生，再感覺。我們拚命想要覺醒，這才是最大的性吸引力。但這並不是說，性是靈修生活裡最重要的。真正靈修生活講究當下，很覺知、很客觀。如果你很專心，正坐著看電影，這時候性不會比電影更重要。可是，如果機緣俱足，性就那麼自然發生了。

你將發現的是，你已經跨越，性不再是你以前認為的性——不再是一種釋放，一種歡愉，或是傍晚或一天的最高點，也不再是下午的點心，或是你操控別人或被操控的工具——性無足輕重，性只是你生活中與其他雞毛蒜皮相當的小事，是當下自然的反應。在適當的時間、地點，在適當的心情、態度下，性可以發生，也可以不發生。性不是緊張的釋放（如果是的話，那真的太有趣了）。如果你修鍊譚崔，性自然而然就會變成關係裡面非常單純、放鬆的一部分。可是，對大多數人來說，還有很長的路要走，因為這些成就是實修後成熟的結果，不是初學就能一窺堂奧。

只要性回復本來面貌，也就是說，性是與神或女神的交流，那麼，性的歡愉才能真正落實。性不再是心理上的強迫。你可以繼續深入，繼續探索下去，因為還有很多東西。你終於知道什麼是交流，而不只是達到高潮的交配動作。交配的動作與高潮會帶來歡愉和滿

足，但是實際上還有更多東西；你無法知道這些東西，除非你整個人，整個身體與全部的細胞都能夠進入真實。你必須先讓神經末梢踏入真實，然後才能接續。只要你的神經末梢仍然跟以前一樣歇斯底里，你就入不了真實。

有趣的是，當你進入真實，其實你並不知道已經進入真實。你正在進行，可是你渾然不知，好像仍處於平常狀況。性也是這樣子，你正在進行，可是不會一直提醒自己：「太棒了，太精彩了！」你渾然忘我。所以，首先你必須掌握當下，當下就是真實，然後你才能有更多的發現。

性必須變成愛，愛必須被超越；性不必停，你不必超越性，但你必須超越機械式、習慣式的性。性必須被轉化，變成愛，這是一件很美麗的事情。性必須變成愛，愛必須被超越。什麼超越愛？「神」。性變為愛；愛，一定會有愛人者與被愛者，這種二元關係必須被超越。你必須失去自己，失去自己讓「愛人者」不見。

愛人者必須消失，所以你這個愛人者，必須失去自己。你必須超越愛，變成非常自然的創造本身。這個非常自然的創造本身，我們稱之為「神」。你只是進入當下，而當下就是「神聖的進程」。如果現在正在發生的是性交，那麼就讓性交繼續；如果現在正在進行的是語言交流，那麼就讓語言交流繼續。所以，必須被超越的不是形式，必須被超越的是不能安於當下的「不斷找尋」，必須被超越的是生殖器歇斯底里的合併與脫離。

當你正在性交，那就性交，別忙著分析進行中的每一個聲音、每一個動作。你的身體該怎麼動就怎麼動。如果兩個人的身體能夠該怎麼動就怎麼動，就是超完美的配合，無論是在床上或地板上。當你正在性交，性就是你們的當下。不要解釋分析、不要胡思亂想，不要批評、指責，也不要害羞、罪惡、擔心無能……當你專心觀看，你是純然在觀看，這時候你沒有罪惡感等等的東西。當你純然融入性，你就超越性。超越性之後你將發現更多東西，非常多、非常豐富，但是首先，你必須掌握當下，現在正在做什麼就是什麼。

第六部 愛神

在這個結論的章節裡，作者指出了「終極祕密」——「愛神」(Loving God，人類最大的可能性，是一種內在的虔敬，達到與神的極致連結)。這個終極的深刻義理，若隱若現貫穿本書，但是在這最後的總結裡，作者痛快直指，為本書劃下完美句點。

66 渴望將帶你找到「所愛」

「女人」是「男人」的「所愛」。「男人」跟「女人」的關係就是濕婆與夏克蒂的關係。所以一個男人會想要找尋女神，當他發現找到的不是全然的「女神」，就會覺得遭到背叛。先前的章節探討過，當一個男人不知道他是「男人」，只認為他是「一個男人」，那麼本能上他會很想看到「女人」；可是滿眼所見盡是歇斯底里、貪婪、嫉妒、八卦、吃醋、佔有欲強、惹人討厭的女性，於是，他覺得遭到背叛。

當一個男人覺得遭到背叛時，會有什麼反應？憤怒。男人如何表達憤怒？身體暴力、語言暴力、情緒暴力、精神暴力。當代兩性之間的戰爭，很可能不是因為經過數千年的男人宰制，然後女人想找到自己所造成的。兩性戰爭可能只是很簡單的原因，就是因為當男人閉上眼睛時，無法看到更深入的東西；男人活在黑暗中，他不知道如何從一個女人中找到「女人」。他因為看不到女神而覺得遭到背叛，於是他展開攻擊——透過戰爭、強暴、暴

行、語言虐待，透過偏見、輕視、歧視，奴役女性好幾千年。

我們因為渴望而找到「所愛」。我們因為生命中缺乏「所愛」，才想找到「所愛」。平常的伴侶關係與性關係也莫不如此。一個男人因為渴望而發現「女人」，因為缺少「女人」而認識「女人」。人類發現「所愛」，是因為沒有與「所愛」結合，並因此渴望結合。也許，男人之所以願意讓女人引導穿越心靈迷宮，不是因為想在每個步履與呼吸裡顯現她內在的女神，這是不可能的，而是因為渴望，因為渴望而痛苦，讓男人願意被帶領。透過渴望與女神結合的痛苦，我們因而找到女神。

67 跟老師的女神做愛

在鍊金的轉化過程中，你可能找到一名老師，他是活生生的人，會呼吸，會流血，會打嗝也會放屁……這名老師，是個體（one），也是整體（One），他會向你「做愛」，不論你是男性或女性。

如果一個人能打破這當中的迷惑與恐懼，就能接受到女神的慈悲，跟隨「她」。老師，是探索團體的帶領者，是最有經驗的人，有最敏銳的「第六感」，憑著智慧而不是地圖，帶領大家走出心靈迷宮。追隨老師的唯一理由，是因為老師走錯路的可能性最低，犯錯的機率最低，比較不容易軟弱或受到引誘。

但這一切仍只是實驗。在這裡，我要告訴你一個祕密，關於「做愛」能力的關鍵。我們無法學習「做愛」，也許有一些規則，就算有所謂的轉化公式，我們也不可能跟著老師學會。「做愛」是互相的，你必須做，在經驗中成長，你向「她」做愛；然後「她」才會向你做愛，就是這樣。這就是祕密。但關鍵是你要願意敞開自己，接受「她」對你的「做愛」。

68 從「精氣」到「精神」的神交境界

在印度巴霧斯的修鍊系統中，必須學習如何以「神交」（devotion）的方式產生鍊金術的質變效果。巴霧斯的修鍊甚至比藏密譚崔更勝一籌。巴霧斯思想揉合了佛教「剎哈嘉」（Sahaja）的天人合一、印度教「外士那瓦」（Vaisnava，又稱毗濕奴）的陰陽合一與回教「蘇菲」（Sufi）的神祕主義。

巴霧斯雖然也有陰陽合一的哲理，也有鍊金聚火的轉化修鍊，還有調息與運動導引的技巧，但是更上層樓，不必用到所有的技巧，我的意思是，技巧被視為象徵或原型。因為他們的神交往上提升到某點，類似能量的交換。

我在書上提到不少男女間的性愛修鍊，但是，如果能夠領會神交所帶來的質變，整個修鍊完全超越男、女性別，不僅個人清修可能，以一己之陰陽合天地之陰陽也非常可能。

從「精液」層次看，也就是說，人是以化學反應的方式鍊金，那麼，他就必須經常進行性遊戲，因為化學反應會隨著時間座標而減弱，因此，為了獲得動能與力量，他必須以性活動來強化。但是在神交的歷程中，男女的性活動不是頻繁的，而是隨緣的，並且可以善加利用化學反應；主要的原因在於，神交已經進入「精氣」甚至是「精神」的境界，所以化學反應可以延續很長一段時間。神交的能量交流超越性交的化學反應，這正是譚崔之道與譚崔行者的努力目標。

69 因為苦，你感受到愛

人就是要受苦，但苦命人生並非我們犯錯所造成的。也許我們的犯錯會為生命增加一些痛苦，也許我們的成功會減少一些痛苦，但是再怎麼樣，人生都是苦。這也就是「心碎」（heartbrokenness）的關鍵，與過去無關，與現在有關。

只要體會到人生是苦，你等於同時領會「唯一神」——你體會到「愛的傷害」（Wound of Love）！苦，交替在「心碎」與「愛的傷害」之間：你對人的苦感同身受，在這同時你領悟到，以某種程度來說，我們都被神聖的力量影響。

只要你認識到所有生命都是息息相關的，你就挖到愛的活泉。當你感受到所有生命都是息息相關的——不只是人，還包括動物、植物與其他形式的存在，你怎能不愛？當一切都在神聖影響力的包攏之中，你怎能不順其自然？而且，當你體悟到唯一神，你怎能不同情？你同情極了！你感受到人類的集體潛意識，你感受到無邊無盡的瘋狂與神經，你感受到所有存在的本質，於是，你感受到愛，感受一切存在的苦。或哭或笑，但是你畢竟感受到愛。如果生命不苦，你也不知愛為何物。如果佛陀沒有悟出「諸行是苦」的法印，就不會有所謂的「解脫之道」。

重點不在於要如何避免受傷。大多數人以為必須超越傷害，卻忘了讓傷害感動我們、推動我們。人生的遊戲規則就是建立在「愛的傷害」上，這才是有血有淚的真實人生。但該怎麼做？你不能光在理論層次知道，還要去做，做了以後才會明瞭，所有的理論都會消融於「神聖的進程」中。

女人不必觸碰「愛的傷害」，女人只要放鬆，然後一切水到渠成——這正是女人的本質。至於男人，他有部分本質是在冬眠狀態，所以當「愛的傷害」發生了，他就可以學習如何進入「陰性」。他會希望在很多的關係中，擁有接納與滋潤的特質，愈多愈好，但我們往往只能鎖定伴侶、孩子、親近的好朋友或靈修導師的關係。這也就是為何祖母總隨身帶著孫子的照片，當祖父觸碰「愛的傷害」時，祖母就會把照片拿出來說：「你瞧瞧，會感覺好很多。」

透過某些刺激我們可以觸碰到「心碎」。到超級市場，看看大人們如何對待子女；看看新聞照片，一名西藏小女孩在被焚的村子中驚慌奔跑；看看衣索匹亞大飢荒的圖片，都能引起「心碎」的感覺。當然，如果你有個人的「心碎」經驗，那就更容易進入了。然後，到某個程度，全體人類的經驗，你都感同身受。

70「愛神」的領悟必須在關係中實踐

「愛神」的領悟是生命大事，一定會在行為上表現出來。領悟並不是了解，了解只是領悟的一種作用。如果你沒有用行動表達，那就不是真正的「悟」。如果真的有所悟，那麼你們的關係焦點就會放在「愛神」的領悟上。

為了「愛神」，你必須先領悟「愛」，也必須領悟「神」。如何領悟「愛」？跟別人相處。如何領悟「神」？懷著虔誠、敬重禮拜的心意，不帶著知識、經驗或是其他任何東西，就是「神」本身。

「愛神」與人的愛不同，但人類的愛——愛你的伴侶、愛你的小孩——實際上就是禮拜別人。這種禮拜與傳統的教會禮拜不同。它會讓你覺得，能夠成為人類，真的心滿意足。「愛神」的領悟必須以愛的真實經驗來彰顯，所以是當下的，不是未來或來世的期待。

「愛神」是一種積極的歷程，你終會領悟到「愛神」是怎麼一回事……「你們必須以全部的感情、心意……愛你們的鄰人，像愛自己一樣（馬可福音 12:30-31）。」為了愛你的鄰人，你必須愛自己；愛自己跟謙卑有關，而謙卑和不主觀有關。

你們在修行社區的生活是一種實驗，你必須考慮你對別人與別人對你的感覺。如果你覺得愛別人，你如何用行動表現出來？

超級市場裡總是掛著微笑的收銀小姐，你非常容易就表現出對她的愛。為什麼非常容易？你不必跟她過生活。這不是關係。對關係的真正「領悟」，一定是與某個會跟你在一起的人開始發展。每一個旁觀者都是好人，因為沒什麼好防衛的。可是你不能旁觀關係，你必須在關係裡，跟某個人「住」在關係裡。

本質上，每個人心中都有愛，但是我們難得表達，因為大家都很防衛，都害怕受傷。孩子看到別的小孩虐待動物，出面制止：「不要傷害牠！」可是卻因為多管閒事被毆打。於是我們學習到，必須保護自己才不會受傷，愛因此被犧牲掉。

我們難得互愛，不是因為我們不會，而是我們不願意。每個人都曾有互義互愛的好朋友，交往好一陣子，可是為什麼只有一陣子？每個人心中都在嘀咕：「為什麼不永遠如此？」

「愛人」本身就是回報。那是快慰、自由、充實的，你全身輕飄飄渾然忘我。可見不一

定要透過性，也許你人在一百公尺之外，看到前面的小嬰兒就覺得欣喜，全身輕飄飄。跟別人在一起也是這樣嗎？如果你很真實，全心全意去愛人，很可能有人會懷疑你的動機，被誤會，甚至受到傷害。但是當別人的反應是用愛回報你，一切都是值得的！然後整個環境到處是彼此相愛的人，而不是某個地方才有，就像各位到處找尋的靈修社區。

人只要能夠相愛，就會更融洽、和樂，充滿祝福與喜悅。所以就從善待別人開始吧！如果無法宣洩痛苦或憤怒的情緒，就到戶外去大叫吧！不要對著別人的臉大叫。「愛神」的領悟必須始於整個生命的投入，好好與別人相處。

與別人愈親密，在關係中實踐「愛神」的領悟就愈重要。我知道每一個人都熱愛自由，但結過婚的人都很清楚，結婚後的第一件事就是想限制伴侶的自由。別人的自由你無法擁有；如果堅持擁有，你就是在破壞關係。

所以，用愛善待每一個人。這是一個你必須允諾的紀律。務必記住，如果別人惹你生氣或傷害你，你還是會用愛對待他們。

所以，你必須隨時覺察自己。如果願意反省自己，那麼你將隨時用愛善待別人，你的人生將有一百八十度的轉彎，生命將充滿喜悅與新奇。「愛神」的領悟讓這一切得以實現。

這個「愛神」的領悟是最高的可能性，這個可能性將是我們無止盡修行下去的最後保證。而且，真正的大同世界也因此變得可能。

【跋】

有關我的師父

關於我的師父，瑜伽行者然思拉苦瑪（Yogi Ramsuratkumar），我有很多話要說，雖然師徒間的神聖默契應該留存心底，但是有些東西還是不吐不快。

然思拉苦瑪是一名「乞丐」，他衣不蔽體，暫住的地方到處是紙屑、乾燥花與一包包各式各樣的「紀念品」。他就在這麼雜亂的地方，接受各界的絡繹拜訪，眾人無不企盼得到他的祝福。最令人印象深刻的就是，每次他出現時的燦爛笑容；笑容是他的註冊商標，充滿純真與喜悅。他的聲音像快樂的潺潺流水輕吟，自由自在無所牽掛，可是同時又關心、牽掛世界上每一個人。笑的時候，他的眼睛充滿光輝，像寶石一樣發亮，從眼神中又一次發現他對人世的善意與關懷。

我是在二十年前遇到師父的，但那是身軀的相逢，我早就認識他，不對，是他亙古以來就認識我。凡是見過他的人，莫不被他無私、無止盡的愛所吸引。他對世人的同情無遠弗屆，因此，只要稍稍待在他身邊，就能舒服安住在他慈悲與祝福的柔軟裡。

他不是老師，不是心靈導師，也不是哲人或聖人，然而他的普世性，同時體現這些人，甚至涵蓋更廣。他自稱是「骯髒的罪人」、「瘋子」。沒錯，他是。他真的是，然而也很弔詭，我們不也全部都是？難道我們不是罪人，而且也有點瘋狂嗎？但是不要因為如此，就覺得你和「他」是一樣的。也許他對人類的貢獻跟我們很像，但他的獨特地方就在於能夠完全順「道」而行，而那正是我們所敬畏的天命，所以只能讚嘆，他真是奇特的瘋子，也是受到祝福的罪人。

這位瑜伽行者是我的師父。我完完全全信賴他。他打開了我的心，原來的隙縫變成大門，讓神入駐我心。他對我的要求很嚴，而我的收穫非常深，我終於領會到神，願意愛人，願意服務人。他的要求讓我脫離二元對立的分裂幻覺，並發現「瘋狂」（Madness）；這個「瘋狂」是他的師父蘭大士（Swami Papa Ramdas）傳授的。

瑜伽行者然思拉苦瑪，他是神的孩子，他是眾多追隨者的庇護所。他是我的全部，我的一切，我的希望。他是神聖的具體化。他等待，一直等待他的孩子。他專門破斥執著的人心，破而不碎，卻融合在「大愛」與「慈悲」裡。這樣的破斥是我們的祈求，是神送給我們最珍貴的禮物。

瑜伽行者然思拉苦瑪是我的師父。願我值得他慈悲的眷顧。

國家圖書館出版品預行編目資料

性愛鍊金術：從性愛進入三摩地的70個祕密／Lee Lozowick 作；黃漢耀譯. --初版. --[臺北縣新店市]：人本自然文化, 2008. 05

面；　　公分. --（Nature；17）

譯自：The alchemy of love and sex

ISBN 978-957-470-535-1（平裝）

1. 兩性關係　2. 愛　3. 性關係　4. 佛教修持

544.7　　97006440

Touch 線上書店 http://www.touchbooks.com.tw

@Nature 017

性愛鍊金術

從性愛進入三摩地的70個祕密

作　者／Lee Lozowick
譯　者／黃漢耀
出 版 者／人本自然文化事業有限公司
出版總監／吳柏毅
視覺美術顧問／李建國
主　編／劉又甄
責任編輯／黃曉芳
封面設計／陳文德
電　話／(02)22182708
傳　真／(02)22183006
製　版／菘展企業有限公司

總 經 銷／彙通文流社有限公司
231台北縣新店市復興路45號4樓
電話／(02)22182912 傳真／(02)86676045
劃撥帳號／19650094 彙通文流社有限公司

讀者意見信箱／service@touchbooks.com.tw
訂書信箱／sdn@touchbooks.com.tw
香港經銷商／〔時代文化有限公司〕九龍旺角塘尾道64號龍駒企業大廈3樓C1室
〔一代匯集〕九龍旺角塘尾道64號龍駒企業大廈10樓B&D室
〔香港聯合零售有限公司〕新界大埔汀麗路36號中華商務印刷大廈

2008年5月 初版一刷

如何索取本公司的圖書目錄

(1) 您可上**www.touchbooks.com.tw**〔Touch線上書店〕瀏覽詳細書摘或介紹，並下載所有書目。

(2) 您可E-mail至 **sdn@touchbooks.com.tw** 或打電話至 (02)2218-2912 請客服小姐傳真或郵寄書目。

(3) 您可上**博客來網路書店**或各大連鎖店之網路書店，查詢我們的所有圖書相關資料。

如何訂購本公司的書

(1) 您可前往全省各大連鎖書店或書局購買，如遇缺書請向門市要求〔**客訂**〕，請書店代您向我們訂書，我們接到書店〔**客訂**〕訂單，會盡速將書送到書店，您再至書店取書付款即可。

(2) 您可上**博客來網路書店**或**各大連鎖店之網路書店**訂購。

(3) 您可透過郵政劃撥方式，載明您的姓名、地址、電話、書名、數量以及實付金額，**書款一律照定價打九折**（請外加運費或郵資新台幣五十三元，台北縣市以外七十四元，離島及海外請勿使用劃撥購書）。

(4) 如果您一次的購買數量超過五十冊，即可享有〔**團體訂購**〕之優惠，依定價打**八折**，請利用本頁背面之〔**團體訂購單**〕，將書名和數量及姓名或機關行號名稱和送貨地址填好，傳真至：(02)8667-6045 二十四小時傳真專線，將有專人會與您聯絡收款及送貨事宜，運費由本公司吸收（離島及海外地區除外）。

(5)〔**團體訂購**〕單次購買數量超過五十冊以上時，請直接與我們聯絡：(02)2218-2912，或 E-mail：sdn@touchbooks.com.tw 我們將視數量提供更優惠的價格，**保證讓您物超所值**。

彙通文流社有限公司團體/專案訂購

訂購單位：　　　　　　　　　　日期：　　年　　月　　日

連絡人：　　　　　　　　　　電話/手機：

送貨地址：

書　號	書　名	出版社	數量

【合計】　共＿＿＿＿種　　　　　　共＿＿＿＿冊

請將此單直接傳眞或放大影印，如不夠塡寫，也請自行影印！

24小時傳眞專線　(02) 8667-6045　　客服專線　(02) 2218-2912

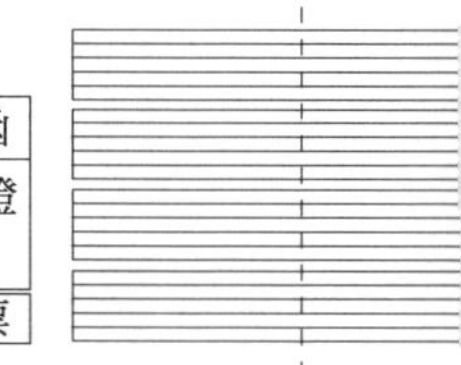

廣　告　回　函
台灣北區郵政管理局登記證 北 市 字 第 11770 號
免　貼　郵　票

231 台北縣新店市復興路45號4樓

TOUCH TOUCH 出版集團　收

電話／(02)2218-2912　傳真／(02)8667-6045

劃撥帳號／19650094　彙通文流社有限公司

請寄回本卡(免貼郵票)，您就可以立即 ◎ 收到最新消息 ◎ 參加各式優惠活動

請沿虛線剪下對折寄回

人本自然——Living Nature

BOF017 性愛鍊金術

線上書店

會員回函・入會申請函

■ 謝謝您購買本書，請詳細填寫本卡各欄，對折黏貼並寄回，即可成為會員，可享有購書一律九折價，並可不定期收到本出版社之最新書訊。

■ 欲知本書相關書評・參加線上讀書會・投稿
請上Touch 線上書店：www.touchbooks.com.tw

◆ **姓名**：＿＿＿＿＿＿＿＿ □ 男 □ 女 □ 單身 □ 已婚

◆ **生日**：　　年　　月　　日 □ 第一次入會 □ 已是會員

◆ **身分證字號（會員編號）**：＿＿＿＿＿＿＿＿

(此即您的會員編號，為日後購書優惠之電腦帳號，敬請如實填寫)

◆ **E-Mail**：＿＿＿＿＿＿＿＿ **電話**：＿＿＿＿＿＿

◆ **住址**：＿＿＿＿＿＿＿＿

◆ **學歷**：□ 高中及高中以下 □ 專科或大學 □ 研究所以上

◆ **職業**：□ 學生 □ 資訊 □ 製造 □ 行銷 □ 服務 □ 金融
□ 傳播 □ 公教 □ 軍警 □ 自由 □ 家管 □ 其他

◆ **閱讀嗜好**：□ 兩性 □ 心理 □ 勵志 □ 傳記 □ 文學 □ 健康
□ 財經 □ 企管 □ 行銷 □ 休閒 □ 小說 □ 其他

◆ **您平均一年購書**：□ 5本以下 □ 5～10本 □ 10～20本
□ 20～30本 □ 30本以上

（以下1～4項請詳細填寫）

◆ 1. **購買此書的金額**：＿＿＿＿＿＿ ◆ 2. **購自**：＿＿＿＿＿＿市（縣）

□ 連鎖書店 □ 一般書局 □ 量販店 □ 超商 □ 書展
□ 郵購 □ 網路訂購 □ 其他

◆ 3. **您購買此書的原因**：□ 書名 □ 作者 □ 內容 □ 封面
□ 版面設計 □ 其他

◆ 4. **建議改進**：□ 內容 □ 封面 □ 版面設計 □ 其他

您的建議：

TOUCH BOOKS

TOUCH BOOKS